Hannelore Dierks

Meinst du denn, ich kann das nicht?

Für Matthias, Stefan, Katja, Nicole, Axel

MEINST DU DENN, ICH KANN DAS NICHT?

Hannelore Dierks

Geschichten um den Kindergarten

Illustrationen von Eva-Marie Wandke

im Patmos Verlag
Schwann

CIP-Titelaufnahme der Deutschen Bibliothek

Dierks, Hannelore:
Meinst du denn, ich kann das nicht?
Geschichten um den Kindergarten / Hannelore Dierks. –
4. Aufl. – Düsseldorf: Patmos Verl., 1991
ISBN 3-491-38028-6

4. Auflage 1991
Gesamtherstellung: Boss-Druck, Kleve
ISBN 3-491-38028-6

Inhalt

Die eingesperrten Wörter

Ein neues Spiel

Im Sommer, wenn aus den Kleinen die Großen geworden sind, kommen neue Kinder in den Kindergarten.
Einige von ihnen kennen sich schon richtig gut aus, weil sie ältere Geschwister haben. Für andere ist alles ganz neu. Manche Kinder haben Angst, weil sie das erste Mal ohne Eltern sind und weil sie Frau Wiese noch nicht kennen.

„Wie können wir den neuen Kindern helfen, damit sie sich schnell einleben?" fragt Frau Wiese.
„Wir zeigen ihnen alles und erklären ihnen die Spiele", schlagen die Kinder vor. „Wir helfen ihnen den Reißverschluß zuzumachen, und suchen den einen Schuh, wenn er weg ist. Wir trösten die Kleinen, wenn sie weinen."
Als Gratia dann kommt, merken die Kinder, daß sie an etwas nicht gedacht haben.
Gratia ist nicht nur neu im Kindergarten, sie ist auch neu in Deutschland, denn bisher lebte sie bei ihren Großeltern in Italien.
Sie spricht und versteht kein einziges Wort Deutsch.
Silke und Carolin kümmern sich ganz besonders um sie. Sie nehmen Gratia in ihre Mitte, gehen mit ihr durch den Garten und in die Sandkiste.
Aber Gratia weint. Sie wischt sich mit den Sandhänden durch das Gesicht.
Silke und Carolin zeigen ihr das Klo, waschen ihr den Sand aus den Augen, erzählen ihr einen Witz. Aber es nützt nichts. Gratia weint. Ratlos kommen sie zu Frau Wiese.

Frau Wiese nimmt Gratia auf den Arm und schaukelt sie hin und her. Und Gratia beruhigt sich und hört auf zu weinen. Endlich! Silke und Carolin sind froh.
„Sie muß Deutsch lernen“, sagt Carolin.
„Meral geht es genauso“, sagt Silke. „Sie spricht nur Türkisch und versteht uns auch nicht.“
„Und der Kok Wai nur Chinesisch“, bemerkt Carolin.
„Wenn wir alle Mischi-Maschi sprechen würden, dann könnten wir uns verstehen“, meint Silke.
„Am besten lernen wir zuerst Italienisch“, sagt Andrea, die dazugekommen ist. „Dann kann ich im Urlaub in Italien ein bißchen verstehen.“
„Und was machen wir mit Türkisch und Chinesisch?“ fragt Carolin.

„Das ist zuviel“, antwortet Andrea. „Besser ist es, wenn wir einen Plan machen, wie Meral, Kok Wai und Gratia Deutsch lernen können.“
„Wie geht denn so ein Plan?“ fragt Silke.
Doch das wissen Carolin und Andrea auch nicht, deshalb fragen sie Frau Wiese.
Doch – etwas Seltsames passiert. Sie können Frau Wiese nicht mehr verstehen. Frau Wiese macht den Mund auf und zu, und auf und zu, aber kein Wort kommt heraus, nicht einmal der kleinste Ton.
„Sie hat ihre Stimme verloren“, sagt Silke, denn ihre Mama hatte das auch mal.
„Dann mußt du zum Arzt gehen, Frau Wiese“, sagt Andrea.
Aber ganz gleich, was sie sagen, Frau Wiese gibt ihnen keine Antwort. Alle ihre Wörter bleiben in ihr eingesperrt – die lustigen, die traurigen, die fröhlichen und die schimpfenden.
Inzwischen hat sich die ganze Gruppe versammelt. Schnell hat sich die Nachricht von der stummen Frau Wiese herumgesprochen.
„Tut es doll weh?“ fragt Christian.
Frau Wiese schüttelt den Kopf.
„Sie hat uns verstanden“, bemerkt Andrea erleichtert.
„Hast du die Wörter verschluckt?“ fragt Tim.
Frau Wiese nickt.
„Können sie aus deinem Mund nicht mehr raus?“ fragt Silke.
Frau Wiese schüttelt den Kopf.
„Vielleicht kommen sie jetzt hinten raus“, meint Tim.
Da lachen alle, auch Frau Wiese. Dann geht sie zum Schrank, holt einen Turnbeutel heraus und schaut hinein. Geheimnisvoll faßt sie an ihren Mund und stopft etwas Unsichtbares in den Turnbeutel.
Die Kinder wundern sich.
„Die Wörter! Die Wörter sind es“, ruft Tim.
Frau Wiese nickt.
„Sind deine Wörter in dem Turnbeutel versteckt?“ fragt Tim.
Frau Wiese nickt wieder, faßt an Tims Mund und stopft seine

Wörter dazu. Mit dem Zeigefinger verschließt sie Tims Mund, und er versteht: Nun kann auch er nicht mehr sprechen.
Frau Wiese geht mit dem Turnbeutel zu allen Kindern und sammelt Wörter ein; alle deutschen, türkischen, italienischen und alle chinesischen.
Sie dreht den Turnbeutel schnell durch die Luft und hängt ihn dann an einen Stuhl.
„Jetzt ist Mischi-Maschi in dem Turnbeutel", denkt Silke.
Hält Frau Wiese nicht etwas in der Hand? Die Kinder schauen gespannt. Sie sagen nichts, fast nichts. Hat einer vergessen, daß alle Wörter eingesperrt sind, zeigt Frau Wiese auf den Turnbeutel.
Dann öffnet sie ihre Hand, und zum Vorschein kommt ein winziger Vogel zum Aufziehen.
Behutsam, als wäre es ein echter Vogel, stellt sie ihn auf den Fußboden. Der kleine Vogel läuft und schlägt dabei mit seinen Flügeln. Frau Wiese geht hinter ihm her, so schnell oder so langsam wie er.
Als er schließlich stehenbleibt, zeigt sein Schnabel auf Andrea. Nun darf sie hinter dem Vogel herlaufen. Sie gibt acht, daß sie nicht auf ihn tritt.
Danach bleibt der Vogel vor Gratia stehen. Gratia fliegt fast hinter ihm her.
Sie bewegt ihre Arme so, wie der kleine Vogel seine Flügel.
Jeder darf einmal hinter dem Vogel herflattern. Nachdem jedes Kind drangekommen ist, nimmt Frau Wiese den Turnbeutel, wühlt darin herum, stopft sich etwas in den Mund und schüttelt sich.
Und dann sagt sie: „Ich kann wieder reden!"
Sie gibt Christian den Turnbeutel und fragt: „Willst du die anderen Wörter verteilen?"
Beinahe hätte Christian „Na klar" gerufen, aber schließlich nickt er nur und holt zuerst seine Wörter heraus. Dann geht er weiter im Kreis herum.
„Überlegt euch gut, welches Wort ihr zuerst aus eurem Mund herauslaßt", rät er.

Viele lustige Wörter purzeln in den Gruppenraum.
Gratia zeigt auf den Vogel und fragt: „Heißt?“
„Vogel!“ schreien einige Kinder gleichzeitig.
„Vogel“, wiederholt Gratia und freut sich.
„Wir müssen uns noch viel mehr solcher Spiele ausdenken“, sagt Silke, „Spiele ohne Wörter. Dann können immer alle mitmachen.“
„Morgen“, verspricht Frau Wiese.

Was ich mir wünsche, kann man nicht malen

Ein Stückchen Oma

Am Fenster im Gruppenraum kleben die ersten Sterne aus Transparentpapier und Tonpappe. Sie leuchten nach draußen. Auf dem Frühstückstisch steht eine dicke, rote brennende Kerze. Michael durfte sie heute anzünden. Die Kinder haben beschlossen, sich dabei abzuwechseln, damit jeder einmal drankommt.

Die Kerze riecht gut, sie riecht schon ein bißchen nach Weihnachten.

Alle Kinder sitzen an den Tischen und malen mit Wachsmalstiften. Sie malen ihre Wunschzettel für Weihnachten.

Es ist still im Gruppenraum. So still wie selten.

Ganz besonders schön wollen alle malen.

Frau Wiese geht leise herum, schaut zu, und manchmal hilft sie ein wenig.

Und plötzlich hören es alle.

Jemand weint.

Die Kinder sehen sich verwundert um. Beim Wunschzettelmalen weinen? Nanu, wer ist das denn?

Katrin ist es, Katrin weint.

Schnell geht Frau Wiese zu ihr: „Aber Katrin, was ist los?"

Doch Katrin kann nicht sprechen; mit den Tränen kullern auch die Wörter fort. Sie kuschelt sich in Frau Wieses Arm. Ziemlich lange dauert es, bis sie sich beruhigt. Die Kinder stehen ratlos um sie herum.

Keiner lacht.

Keiner sagt „Heulsuse".

Denn Katrin heult nicht, sie weint, und das ist viel schlimmer.

Gesa streichelt ihr über den Arm. Nach einer Weile sagt Katrin: „Was ich mir wünsche, das kann man nicht malen."
„Was ist es denn? Ich helf' dir", sagt Christian bereitwillig. „Ich kann Autos malen und – Puppen."
„Ist es ein Bügeleisen oder ein Staubsauger, oder sind es Legos? Dann helf' ich dir", sagt Tim, denn das wünscht er sich.
„Vielleicht Ohrringe?" fragt Stefanie. „Die gehen schwer, weil sie so klein sind."
Katrin schüttelt immer nur den Kopf. Aber – sie hat aufgehört zu weinen.
„Ich wünsche mir, daß meine Oma wiederkommt", sagt Katrin leise.
„Mensch, dann ruf sie doch an! Oder hat sie kein Telefon?" fragt Christian.
„Das geht nicht. Meine Oma ist tot", flüstert Katrin.
Einen Moment lang ist es still, und dann sagt Stefanie: „Dann kann sie nicht wiederkommen."
Die anderen nicken.

„Voriges Jahr Weihnachten war sie noch da. Da bin ich ganz alleine mit ihr zum Weihnachtsmarkt gegangen."
„Meine Oma ist auch tot", sagt Christian. „Sie war sehr krank. Als sie gestorben ist, waren wir alle sehr traurig. Ich habe geweint. – Meine Mama und mein Papa auch."
„So war es bei uns auch", sagt Nadine.
„Mein einer Opa ist auch tot", erzählt Tim. „Schon ganz lange, da war ich noch nicht auf der Welt. Nun lebt er im Himmel. Ich habe aber noch einen Opa."
„Ich habe sechs oder sieben Omas", prahlt Marc.
Das stimmte natürlich nicht. Aber Marc wollte immer mehr haben als die anderen, deshalb gab es oft Streit mit ihm.
„Mein Opa hatte gerade Geburtstag, er ist 88 Jahre alt geworden", erzählt Gesa. „Vielleicht ist es mein letzter Geburtstag, hat er gesagt."
Alle sehen Gesa an.
Nach einer Weile sagt Stefanie: „Meine Oma ist im Krankenhaus. Sie hat Krebs. Ich habe Angst, daß sie stirbt."
Frau Wiese nimmt Stefanie neben Katrin auf den Schoß und beginnt: „Meine Mutter ist auch tot. Sie hatte Krebs. Sie hatte ganz große Schmerzen, alles tat ihr weh. Ich glaube, daß sie jetzt bei Gott ist und daß es ihr viel besser geht als hier auf der Erde. – Ich freue mich darüber, daß ihr nichts mehr weh tut.
Manchmal bin ich sehr traurig, weil ich nicht mehr mit ihr sprechen kann. Mir fällt oft etwas ein, was wir zusammen gemacht haben. Dann denke ich an sie. Das ist sehr schön."

Es entsteht eine Pause, und dann sagt Gesa: „Ich wünsche mir, daß ich zu Gott komme, wenn ich einmal sterbe."
Mucksmäuschenstill ist es im Gruppenraum.
Die Kinder hören, wie draußen der Müllwagen vorbeifährt.
„Katrin, willst du uns vom Weihnachtsmarkt erzählen?" fragt Frau Wiese.
„Ja", sagt Katrin und erzählt, wie sie einen roten, klebrigen Apfel gegessen hat, wie er in den Haaren kleben blieb und wie

Oma die Haare wieder abgemacht hat, ohne zu schimpfen. Und wie Oma Glühwein getrunken hat und dann ganz lustig war.
„Alle Sachen auf dem Weihnachtsmarkt haben wir uns lange angesehen. Oma hatte genauso viel Zeit wie ich, nicht mehr und nicht weniger."
„Meine Oma hat nie Zeit. Sie sagt immer: Komm beeil dich", berichtet Tim.
„Bevor wir nach Hause gingen, hat Oma mir einen silbernen Herzluftballon gekauft. Halte ihn gut fest, sonst fliegt er bis zum Himmel, hat sie gesagt. Und nun ist sie selbst im Himmel."
„Stimmt das?" fragt Christian.
„Ich glaube schon", sagt Frau Wiese.
„Wünschst du dir sonst nichts?" fragt Christian.
„Nein", antwortet Katrin.
Gesa legt ihren Arm um Katrin und sagt leise, damit es die anderen Kinder nicht hören können:
„Ich gebe dir ein Stückchen von meiner Oma ab."
Überrascht schaut Katrin sie an.
„Na, ich meine eine Hand. - Ich frage meine Oma, ob sie mit uns auf den Weihnachtsmarkt geht."
„Au ja!" Katrin freut sich.
„Dann fragen wir sie, ob sie uns silbrige Herzluftballons kauft", überlegt Gesa.
„Aber diesmal lasse ich den Luftballon los, damit er in den Himmel fliegt", sagt Katrin.
„Häng einen Zettel dran und schreibe drauf: VON KATRIN."

Zum Wunschzettelmalen haben die Kinder jetzt keine Lust mehr. Sie ziehen ihre Anoraks an und gehen mit Frau Wiese auf den Spielplatz.
Gesa und Katrin halten sich fest an der Hand.

Weggeschickt und ausgelacht

Alex darf nicht mitspielen

Alex geht morgens alleine in den Kindergarten und mittags alleine nach Hause. Er ist ein „Alleingeher". Als er heute in den Gruppenraum kommt, sind schon viele Kinder da.
„Guten Morgen, Alex", begrüßt ihn Frau Wiese freundlich.
„Morgen", brummelt Alex. Er ist noch ein bißchen verschlafen.
Im Gruppenraum sieht er sich kurz um und geht dann zur Bauecke. Christian und drei andere Kinder hocken auf dem Bauteppich und bauen Flugzeuge.
„Guckt mal, mein Propeller dreht sich wirklich", sagt Christian und zeigt stolz sein Flugzeug.
Alex sieht es auch.
„Kann ich mitspielen?" fragt er.
„Nein, hau ab", schreit Christian so heftig, daß ihm dabei die Spucke aus dem Mund läuft. Die anderen Kinder sagen gar nichts. Sie wollen mit Christian jetzt keinen Krach riskieren. Sie wissen, daß er sich immer als Bestimmer in der Bauecke aufspielt.
Alex sieht noch eine Weile zu, wie sie ihre Flugzeuge starten und landen lassen. Noch einmal fragt er nicht.

In der Puppenecke springen Silke und Stefan auf Matratzen herum. Sie haben sich verkleidet: Stefan mit einem großen, roten Hut und einem himmelblauen Nachthemd, Silke mit einem grünen Schal um den Bauch und weißen, langen Handschuhen. Sie lachen und umarmen sich.

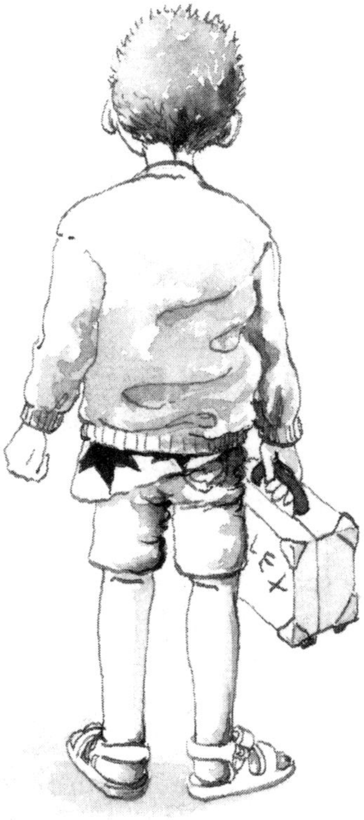

Wer in der Puppenecke mitspielen will, muß klingeln. Deshalb hängt davor eine Glocke an einem Band. Alex klingelt.
„Wir wollen alleine spielen“, sagt Silke.
„Och, bitte“, bettelt Alex.
„Nee, wir brauchen keinen mehr“, erklärt Stefan energisch.
Alex dreht sich um. Am Tisch hinter ihm sitzen ein paar Kinder und spielen mit Claudia, der Praktikantin, Memory. Arne hat schon einen großen Stapel Pärchen vor sich liegen.
„Ich gewinne heute bestimmt“, sagt er.
„Vielleicht“, meint Claudia.
„Kann ich mitmachen?“ erkundigt sich Alex.
„Nein, wir haben schon angefangen. Hier siehste“, sagt Arne und zeigt auf seine Karten.
„Beim nächsten Spiel“, vertröstet ihn Claudia.

Hinten in der Ecke im Gruppenraum steht der Basteltisch. Laternen werden gebastelt, denn bald ist Sankt Martin. Die Kinder haben sich rosa Schweinchenlaternen ausgesucht. Einige fertige Laternen hängen schon an Schnüren von der Decke herunter.

„Der Basteltisch ist besetzt, da brauch ich gar nicht erst zu fragen", denkt Alex.

Frau Wiese weiß, daß Alex basteln möchte, und sagt: „Du kommst heute auch noch dran."

Alex setzt sich zu Sabrina und Dorothee an den Frühstückstisch. Die beiden Mädchen sind Freundinnen, allerbeste Freundinnen. Das weiß jeder in der Gruppe. Sie machen fast alles zusammen: Malen, basteln, puzzeln. Und heute haben sie sogar das gleiche Kleid an.

Alex mag Dorothee sehr. Er würde so gerne einmal etwas mit ihr machen, aber sie spielt einfach immer nur mit Sabrina. Einmal hat Alex sich getraut und sie gefragt, ob sie ihn vielleicht heiraten will. Da hat Dorothee ihn ausgelacht. Schlimm war das.

Als Tim die Mareike gefragt hat, freute sich die und schenkte dem Tim ihren schönsten Stift, den mit der Menschenfarbe, den sonst niemand hat.

Sabrina und Dorothee tauschen ihre Butterbrote. Sabrina klappt eine Ecke von Dorothees Brot auf: „Mm, lecker."

Dorothee schnuppert an Sabrinas Brot und sagt: „Mm, lecker."

Sie schmatzen und lachen.

Alex hat sein Frühstück vergessen. Als er sieht, wie Dorothee und Sabrina genüßlich ins Brot beißen, bekommt er Hunger – so großen, daß es in seinem Mund zu sprudeln anfängt. Da gießt er sich einen Becher Kakao ein und trinkt. Sabrina und Dorothee tuscheln miteinander, und dann kichern sie.

Auf einmal stößt Alex Sabrinas Kakao um. Absichtlich.

Der Kakao läuft über den Tisch – in Richtung Dorothee. Sie springt auf, doch leider zu spät. Ihr Kleid ist voller Kakao.

„Mein schönes Kleid!" jammert sie. „Gerade dieses . . ."

Die anderen Kinder im Gruppenraum schauen neugierig zum Frühstückstisch herüber.
„Immer der Alex!“ schreit Christian und stürzt aus der Bauecke. Er boxt Alex so fest in den Bauch, daß der auf den Po fällt.
Das hat weh getan.
Alex heult.
„Heulsuse, Heulsuse, hä, hä, hä!“ lacht Christian und zeigt mit dem Finger auf Alex.
Die anderen Kinder sind ratlos. Was sollen sie tun? Es ging alles so schnell.
Zum Glück kommt Frau Wiese. Sie tröstet erst einmal beide, Dorothee und Alex, und dann wäscht sie Dorothees Kleid aus und hängt es über die Heizung.
Christian beschwert sich: „Jetzt wird der Alex auch noch getröstet, dabei hat er das extra gemacht.“
„Vielleicht hat er es extra gemacht“, sagt Frau Wiese böse zu ihm. „Und du? Du hast auch etwas falsch gemacht, oder?“
Christian schaut ein wenig beschämt, denn Andrea sagt es schon: „Hauen und Treten ist verboten! Streiten kann man auch anders, aber ausgelacht wird keiner aus der Gruppe!“
„Was ist denn heute mit dir los, Alex?“ erkundigt sich Frau Wiese.
„Alle lassen mich nicht mitmachen“, sagt er traurig. „Und mit der Dorothee möchte ich so gerne mal spielen.“
„Wenn du morgens einmal etwas früher kommst“, schlägt Frau Wiese ihm vor, „sind noch nicht alle Ecken besetzt. Vielleicht kannst du dann mitspielen.“
„Das geht aber nicht“, erzählt Alex. „Weil mein Papa jetzt woanders wohnt, muß meine Mama auch arbeiten. Die müssen doch jetzt zweimal Miete bezahlen. Und meine Mama trägt morgens die Zeitungen aus. Ganz früh, dann ist noch Nacht. Wenn sie zurückkommt, frühstücken wir, und dann gehe ich in den Kindergarten.“
Sehr aufmerksam haben alle Alex zugehört. Sie schauen sich an.

„Morgen lassen wir ihn mitspielen", beschließen sie.
„Ich nicht!" sagt Dorothee. „Meine Freundin ist nun mal die Sabrina!"
„Und was machst du, wenn die Sabrina krank ist?" fragt Alex.
„Mal sehen!" antwortet Dorothee.

Mach ein Fenster in die Mauer

Krach in der Bauecke

Endlich ist es Birthe gelungen, die Bauecke zu erobern. Denn Christian und Tim, die sonst jeden Tag die Bauecke besetzen, sind im Urlaub.
Und wenn sich Erol mit der Verkehrsdecke nicht so ausbreiten würde, könnte Birthe endlich die Stadt bauen, die sie schon so lange bauen wollte.
„Mach dich doch nicht so dick“, brummt sie Erol an.
„Ich war zuerst hier“, sagt Erol und fährt mit dem Auto weiter auf der Straße entlang, die auf die Decke gemalt ist.
„Zum Glück kommt heute nicht noch einer in die Bauecke“, denkt Birthe. Sie hat das gelbe Schild davorgestellt, und nun darf keiner mehr rein. So ist es abgesprochen.
Michael hat das Schild von seinem Vater geschenkt bekommen – ein richtiges Baustellenschild. „Betreten der Baustelle verboten“ steht darauf.
Vorsichtig stellt Birthe die Steine aufeinander. Ein Haus soll es werden.
Doch Erol stößt mit dem Fuß dagegen, aus Versehen.
„Tschuldigung“, sagt er.
Aber Birthe ärgert sich.
„Paß doch auf!“ schimpft sie und fängt noch einmal an.
„Das Haus muß ganz schön werden, es soll mein Haus sein“, denkt sie. Es ist fast fertig, als es zusammenkracht.
Wieder Erol, er ist mit dem Po dagegen gestoßen.
Vor Wut hätte Birthe beinahe geheult.
„Du Blödmann“, sagt sie böse, „geh doch weiter in die Ecke.“

„Nein, das mache ich nicht, da kann ich nicht spielen." Erol schubst die Bausteine mit dem Fuß zur Seite.
„Du machst mir alles kaputt", beschwert sich Birthe.
„Na und? Dann mußt du es eben wieder neu bauen", entgegnet Erol.
„Gemein bist du", erwidert Birthe.
Stefan hat den Streit mitbekommen. Er stellt sich zwischen die beiden und sagt: „Baut doch eine Grenze als Absperrung, dann hat jeder sein Gebiet."
Diesen Vorschlag finden Birthe und Erol gut. Sie bauen eine Grenze durch die ganze Bauecke. Nun ist es ganz klar: Auf der einen Seite spielt Erol, auf der anderen Birthe.
„Alles, was auf meiner Seite liegt, gehört mir", sagt Birthe schnell, denn sie hat die Ampel entdeckt, die eigentlich zur Verkehrsdecke gehört.
„Na gut", sagt Erol, „und was auf meiner Seite liegt – mir."

Doch Birthe hört ihm gar nicht mehr zu. Sie versucht, eine Rutsche zu bauen, doch es gelingt ihr nicht.
Erol könnte ihr bestimmt dabei helfen, aber fragen will sie ihn nicht.
„Dann baue ich zuerst einen Kindergarten, einen ganz großen Kindergarten mit einem Aussichtsturm. Von dem Turm aus können die Kinder die ganze Welt sehen oder – bis nach Düsseldorf", denkt sie.
Birthe muß sich beim Bauen hinstellen, so hoch wird der Turm. Super sieht der aus.
„Erol, guck mal", ruft sie.
Da passiert es. Der Turm schwankt und schwankt.
Birthe versucht, ihn mit den Händen festzuhalten. Das geht natürlich nicht.
Langsam kippt er auf Erols Seite hinüber, klatsch, und ist kaputt.
„Alles, was in meinem Gebiet liegt, gehört mir!" triumphiert Erol.
Birthe schluckt. Am liebsten würde sie Erol jetzt eine kleben.
„Komm, wir machen aus der Grenze eine Mauer!" schlägt sie vor. „Eine hohe Mauer!"
Mit Erol will sie nichts mehr zu tun haben!
Erol beginnt sofort zu mauern.
„Eine Mauer ist prima, dann störst du mich wenigstens nicht mehr", sagt er.
„Du mußt die Steine Lücke auf Lücke stellen, wie bei einer richtigen Mauer, dann hält sie besser", erklärt Birthe.
„Das weiß ich auch, blöde Ziege", brummt Erol und streckt die Zunge raus.
„Selber blöd", gibt Birthe zurück. „Bäh!"
„Rotznase!"
„Entenfuß!"
„Brennessel!"
„Grüner Wackelpeter, bäh!" kontert Birthe und muß lachen.
Als die Mauer hoch genug ist, hört Erol auf zu bauen.

„Jetzt kann ich dich endlich nicht mehr sehen." Birthe ist zufrieden. Sie kniet auf dem Boden. Erol sagt nichts mehr, nur seine Autogeräusche hört Birthe. Die klingen so echt, so, als hätte Erol einen Motor samt Bremsen verschluckt.
Leider hat Birthe aber nun fast keine Steine mehr, denn die meisten stecken in der Mauer.
„Es reicht höchstens noch für eine kleine Hundehütte", denkt sie. „Am besten schleiche ich zu Erol und hole mir die anderen Steine; denn freiwillig gibt er sie mir nie."
Sie legt sich flach auf den Bauch und lugt um die Ecke.
Die Steine liegen ganz hinten an der Wand, da kommt sie nicht dran. Vielleicht hilft Stefan?
„Klauste mir die Steine bei Erol?" flüstert sie Stefan ins Ohr.
„Du spinnst wohl!" brüllt Stefan. „Hol sie dir selber, wenn du sie brauchst."
Birthe geht in die Bauecke zurück.
„Es ist so eng hier. Doof die Mauer, sie könnte ruhig umfallen", denkt Birthe und pustet.
Doch nichts geschieht.
„Ich kann überhaupt nichts sehen!" Sie pustet noch einmal kräftiger. Nichts!
„Erol", flüstert sie. Keine Antwort. Immer nur Autogeräusche: Brum, Brum-Brum.
„Erol", sagt sie. Wieder keine Antwort.
„Erol!" schreit sie so laut, als wäre er draußen im Garten. Erol erschrickt und guckt um die Ecke. Sogar Stefan kommt angerannt.
„Die Mauer ist doof! Ich kann nichts sehen, ich bin ja richtig eingesperrt", jammert Birthe.
„Und – was sollen wir machen? Ohne Mauer fängst du doch wieder an zu streiten", erklärt Erol.
„Macht ein Fenster in die Mauer", schlägt Stefan vor.
Von diesem Vorschlag sind Birthe und Erol begeistert. Sie nehmen ein paar Steine heraus, dabei wackelt die Mauer zwar kräftig, aber sie fällt nicht um.
Ein schönes großes Fenster ist es geworden.

Die freigewordenen Steine nimmt Birthe. Aber ihr fällt nichts mehr ein, was sie noch bauen könnte. Sie schaut durch das Fenster zu Erol und er im selben Moment zu ihr. Mit den Nasen stoßen sie zusammen.
„Paß auf!“ sagt Erol.
Ganz vorsichtig zieht Birthe den Kopf zurück.
„Mensch Erol“, sagt sie, „guck mal, das ist ja ein prima Anfang für ein Haus!“
Erol ist begeistert: „Absolut Klasse! Sollen wir es zusammen bauen?“
„Ja, das machen wir, und die Autodecke legen wir davor. Zusammen macht es viel mehr Spaß!“

Der chinesische Knoten

Kok Wais Pechtag

„So ein blöder Tag! Heute geht auch alles schief“, denkt Kok Wai.

Morgens durfte er seinen neuen Schirm nicht mit in den Kindergarten nehmen. „Es regnet doch gar nicht“, hatte Mama gesagt. Dabei wollte Kok Wai auch gar nicht, daß sein schöner neuer Schirm naß wird. Aber zeigen wollte er ihn! Der Mareike! Und mit ihr über den Flur spazieren.

Dann hatte Kok Wai seine Tasche in Mamas Auto vergessen, mit der Banane und dem Butterbrot. Sein Bauch knurrt jetzt noch wütend vor Hunger!

An so einem Tag kippt dann auch noch das Wasserglas beim Malen um, und sein Schmetterling, der so gut gelungen war, schwimmt mit dem schmutzigen Wasser davon. Dabei hatte er so echt ausgesehen, so, als könnte er wirklich fliegen und hätte sich auf Kok Wais Blatt nur ein bißchen ausgeruht.

Auf dem Flur dann, als Kok Wai in den Waschraum gehen wollte und nur ein klein wenig gerannt ist, kam Michael von der anderen Seite, und dann knallten sie zusammen.

Nun sitzt Kok Wai im Gruppenraum und kühlt seinen Kopf, denn er hat eine riesige Beule.

Und Mareike?

Sie hat nur kurz aufgeschaut, als Kok Wai mit der Beule in den Gruppenraum gekommen ist.

Heute will sie ihr 100-Teile-Puzzle fertigmachen. Drei Tage lang hat sie daran gearbeitet, ganz alleine. „Keiner soll mir helfen, weil ich das alleine kann!“ hatte sie immer wieder gesagt.

Kok Wai hat starke Kopfschmerzen. Er legt seinen Kopf auf die Arme und schließt einen Moment lang die Augen. Dann aber schreckt er hoch, weil Mareike ruft:
„Noch fünf Teile!“
Einige Kinder feuern Mareike an: „Vier - drei - zwei - eins. Geschafft!“
Vorsichtig trägt Mareike das Tablett mit dem Puzzle durch den Gruppenraum. Frau Wiese soll es sehen.
Da springt Kok Wai auf, er will es auch anschauen. Und es passiert.
Kok Wai stolpert, fällt gegen Mareike. Mareike stößt gegen Tim. Und langsam rutscht das Puzzle über den Tablettrand. Fast 100 Teile purzeln auf die Erde. Nur ein Stückchen Himmel ist übriggeblieben.

Die Kinder halten den Atem an, und dann brüllt Michael: „Der Kok Wai war es!“
Und die anderen schimpfen durcheinander. „Der Kok Wai hat das bestimmt extra gemacht! Der Kok Wai ist doof. Der macht immer alles falsch!“
Beide Ohren hält sich Kok Wai zu. Hätte er noch zwei Hände, würde er sich auch noch die Augen zuhalten.
In seinem Kopf dreht sich alles wie ein Karussell, weil er immer noch Kopfschmerzen und immer noch Pech hat.
„Schade!“ tröstet Frau Wiese Mareike. „Du hast dir so viel Mühe gegeben!“
Mareike nickt traurig, sie kann gar nichts sagen.
Frau Wiese schaut Kok Wai an und fragt: „Was kannst du jetzt tun?“
„Er muß das Puzzle alleine neu machen“, sagt Tim.
„Er muß sich entschuldigen“, bestimmt Katrin.
„Er könnte der Mareike etwas Schönes schenken“, schlägt Andreas vor.
„Oder den ganzen Gruppenraum aufräumen. Auch die Bauecke, obwohl er dort nicht gespielt hat“, sagt Christian.
„Das ist zuviel“, wendet Tim ein.
Zwei Kinder sagen nichts:
Mareike und Kok Wai.
Alle starren Kok Wai erwartungsvoll an.
Er steht auf, geht auf Mareike zu, bückt sich vor sie auf den Boden und versucht, eines ihrer Schnürbänder zuzubinden. Er weiß, daß Mareike noch keine Schleife binden kann. Sehr strengt er sich an, aber das Band ist zu kurz, es rutscht immer wieder heraus.
Es will ihm einfach nicht gelingen.
„Der kann ja selber keine Schleife binden!“ spottet Andreas und lacht.
Christian und Tim kichern.
Da sagt Mareike laut: „Wer sagt denn, daß ich eine Schleife wollte? Ich will keine Schleife. Ich will einen Knoten. Einen chinesischen Knoten!“

„Sie ist wirklich meine beste Freundin“, denkt Kok Wai glücklich. Zu Mareike sagt er: „Ich helfe dir. Wir sammeln die Teile wieder ein und machen das Puzzle zusammen neu.“
Mareike nickt, und Kok Wai denkt: „Mein Pechtag ist zu Ende. Mein Glückstag fängt jetzt an.“

Känguruhtränen sieht nicht jeder

Hilfe, Mama hat aufgeräumt!

Müde und hungrig kommt Anne aus dem Kindergarten nach Hause. Sie öffnet die Tür ihres Kinderzimmers, sieht sich kurz um und schreit entsetzt: „Oh weia! Mama!"

Mama kommt erschrocken angestürzt, weil Anne so laut schreit.

„Mama, warum hast du so eine Unordnung gemacht?" fragt Anne.

„Unordnung? Wo ist denn hier Unordnung?" Mama ist ärgerlich. „Endlich sieht dein Zimmer wieder vernünftig aus. Das war doch nicht mehr auszuhalten. Alles lag auf dem Boden herum - wie in einer Räuberhöhle! Sei froh, daß du deine Sachen nun wieder finden kannst."

Sie geht in die Küche, nicht ohne Anne noch zu sagen, daß sie ihre Stiefel ausziehen soll und daß das Mittagessen gleich fertig ist.

Aber Anne ist sauer. Hunger hat sie keinen mehr.

„Wahrscheinlich nie mehr", denkt sie. „Ich lege doch alle Sachen auf den Teppich, damit ich mit einem oder zwei Blicken sehe, wo sie sind. Mama und Papa verstecken alles in den Schubladen und Schränken und finden es nicht wieder. Papa sucht ganz oft seine Scheckkarte, und Mama findet meistens den Autoschlüssel nicht."

Anne läuft in ihrem Zimmer herum.

„Alle meine Sachen sind weg", brummelt sie vor sich hin.

„Wo ist das rosa Badeschaumschweinchen?"

Sie sucht im Regal. In der Kiste mit den Bauernhoftieren findet sie es schließlich. Aber gerade dahin darf es nicht.

Die Tiere vertragen sich doch nicht. Immerzu gibt es Streit. Deshalb hat Anne dem rosa Badeschaumschweinchen erlaubt, in Papas grünem Socken zu wohnen. Durch das kleine Loch an der Spitze kann es atmen, das große Loch an der Verse, das Anne extra hineingeschnitten hat, ist ein Fenster.
Nun ist Papas Socken weg.
Wo ist die Maus? Die mit dem weichen Fell, die Anne bei Meikes Geburtstagsfeier gewonnen hat?
Auf der Fensterbank sitzt sie und friert. Dabei kuschelt sie sich am liebsten in Annes Schlafanzug, morgens, wenn er noch warm ist und nach Anne riecht, ganz hinten in der dunklen Ecke unter Annes Bett. Aber Mama hat den Schlafanzug gefaltet und unter Annes Kopfkissen gelegt. Da paßt doch keine Maus mehr zwischen!

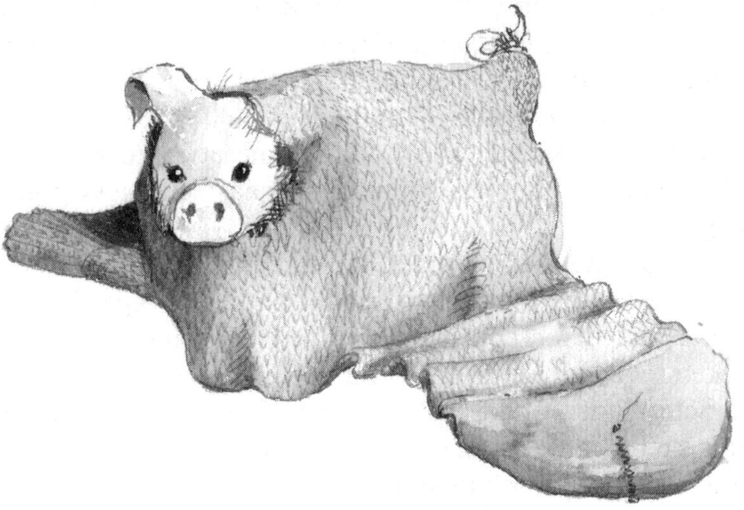

In der Spielzeugkiste liegt eingequetscht das Känguruh.
Es heult. Känguruhtränen sieht nicht jeder, aber Anne sieht sie. Es will so gerne auf der Fensterbank sitzen und auf die Straße schauen. Da guckt es den Schülerlotsen zu, wie sie den Kindern über die Straße helfen. Annes Känguruh möchte gerne einmal ein Kindergartenlotse werden. Morgens würde es sich dann an die gefährliche Straße stellen und die Kindergartenkinder in seinem Beutel sicher hinübertragen. Natürlich eins nach dem anderen, damit der Beutel nicht ausleiert.
Anne setzt das Känguruh auf die Fensterbank.
„Das kleine Karussell, wo ist mein kleines Karussell?"
Anne ist empört.
Es war in einem Überraschungsei, und sie hat es ganz alleine zusammengebaut. Unter einem Sitz ist ein Geheimknopf, mit dem Anne es größer und größer machen kann. Manchmal wird es so groß, daß ihre Tiere hineinpassen – und manchmal sogar sie selbst.
Das klappt nur abends, eine Stunde vor Mitternacht, falls es ihr gelungen ist, wach zu bleiben.
Nur Wolfgang, Annes Freund, kennt dieses Geheimnis, und er glaubt ihr.
„Oh nein, wo sind all die Bonbonpapierchen? Es waren bestimmt 100, auf jeden Fall aber mindestens zehn. Schmetterlinge sollten es werden!"
Anne wird immer trauriger, und als sie merkt, daß auch die Bäckertüte weg ist, hätte sie fast geheult.
„Hoffentlich hat Mama sie nicht in den Müll geworfen!"
In der Bäckertüte nämlich sind die weiße Feder und das Lied vom kleinen weißen Vogel versteckt.
Das Lied, das Papa und Mama nicht hören können, weil es ein Kinderlied ist. Es klingt viel schöner als Annes Spieluhr. Läßt Anne das Lied aus der Bäckertüte heraus, sind alle im Kinderzimmer mucksmäuschenstill.
Der Bär streckt den Puppen nicht mehr die Zunge heraus. Der Hampelmann ist nicht mehr traurig, obwohl seine Schnur gerissen ist und er nicht mehr hampeln kann.

FANG DEN HUT
Zauberkasten
Barbie

Das Krokodil traut sich wieder das Maul aufzureißen, denn es weiß, keiner lacht jetzt über seine abgebrochenen Zähne. Im Schneckenhaus dürfen Fliegen wohnen. Und der Feuerstein, den Anne von Wolfgang bekommen hat, leuchtet heller als die Straßenlaterne.
Und im Bett hat Anne keine Angst. Auch dann nicht, wenn die Gardine gespenstisch wackelt.

Nun ist sie weg, die Tüte mit Feder und Lied. Traurig schaut Anne aus dem Fenster. Wo mag der kleine weiße Vogel hingeflogen sein? Ob er noch einmal zurückkommt?
„Ich lasse heute nacht das Fenster auf“, denkt Anne.
Erst als Mama das dritte Mal gerufen hat, geht Anne zu ihr in die Küche. Lustlos stochert sie in den Bratkartoffeln herum, die sie sonst so gerne mag.
Plötzlich hat sie die Idee!
„Mama“, beginnt sie, „Mama, ich werde heute einmal deinen Schreibtisch aufräumen. Ich finde, er sieht abscheulich aus. Und dann werde ich Papas Zeitungen wegwerfen. Sie liegen herum wie Kraut und Rüben!“
Mama schaut Anne entsetzt an. Doch dann muß sie lachen.
Wütend schreit Anne: „Jetzt lachst du auch noch, du weißt gar nicht, wie schlimm das ist! Wo ist meine Bäckertüte? Wo sind die Bonbonpapierchen und wo ist Papas grüner Socken?“
Mama hört auf zu lachen.
„Aber Anne, versteh doch. Ich muß doch mal saubermachen. Und alles kannst du doch unmöglich aufbewahren.“
„Staubsaugen und saubermachen, das kann ich schon alleine“, erklärt Anne. „Du kannst mir höchstens ein bißchen dabei helfen!“
Damit ist Mama einverstanden.
„Vielleicht habe ich dann auch mehr Zeit, meinen Schreibtisch aufzuräumen“, meint sie.

Kraft im Kopf

Der Stärkste in der Gruppe

An diesem Tag stößt Lisa schon an der Eingangstür zum Kindergarten mit Ralf zusammen.
Er schubst sie zur Seite und geht in den Gruppenraum. Lisa beobachtet ganz genau, was Ralf macht.
Zuerst tritt er Johannes gegen das Bein. Dann haut er den Turm um, den Carina gebaut hat. Dabei dreht er sich immer wieder um und paßt auf, daß Frau Wiese nicht sieht, was er macht.
Dann geht er zur Verkleidungsecke und befiehlt: „Raus!"
Silke und Carolin spielen dort. Sie verdrücken sich sofort – ohne ein Wort.
Silke hält noch eine Wolldecke in der Hand.
„Die bleibt hier", brüllt Ralf.
Vor Schreck läßt Silke sie fallen.
„Mal sehen, wer heute in die Verkleidungsecke darf ..."
Ralf schaut sich, beide Hände in die Hüften gestemmt, um.
Ein paar Kinder sehen ihn erwartungsvoll an. Sie spielen alle so gerne mit den Verkleidungssachen.
„Susanne", bestimmt Ralf, und Susanne geht zu ihm.
„Alex." Alex geht.
„Lisa", sagt Ralf.
Doch da schreit Lisa ganz laut: „Nein!"
Sie schreit so laut, daß Frau Wiese und ein paar Kinder hinzukommen.
„Ich gehe nur dann in die Verkleidungsecke, wenn ich das will", sagt Lisa, „nicht dann, wenn du es erlaubst. Denkst du etwa, daß du immer der Bestimmer bist?"

Zunächst ist Ralf sprachlos. Aber dann droht er: „Was denn, was denn? Komm her, wenn du was willst."
Dabei hebt er die Faust.
„Ja, ich komme." Lisa geht einen Schritt auf Ralf zu.
„Du meinst, du bist der Stärkste? Aber das bist du nicht! Auch nicht, wenn du so groß bist wie ein Riese."
Ralf lacht, aber es klingt anders als sonst.
„Der Stärkste in der Gruppe ist nämlich der, der beim Streiten diese Kraft nimmt." Lisa klopft sich mit dem Zeigefinger an die Stirn.
„Hier, die Kraft aus dem Kopf und nicht aus der Faust. Das hat mein Opa gesagt, und der hat recht."
Bisher haben sich die anderen Kinder nicht eingemischt, sondern Lisa bewundert. Was die sich traut!

Und dabei ist sie zwar nicht die Jüngste, aber fast die Kleinste aus der Gruppe.
„Das geht nicht“, findet Christian.
„Doch es geht“, erwidert Lisa. „Überleg doch mal. Der Ralf prügelt doch nur deshalb, weil ihm sonst nichts einfällt.“
„Das stimmt!“ wirft Alex ein. „Ich habe hier auch Kraft.“ Er tippt sich ebenfalls an den Kopf. „Wir könnten nämlich abwechselnd die Bestimmer sein“, schlägt er vor.
„Genau“, sagt Lisa, „oder können auszählen.“
„Und dann muß keiner mehr ins Dornengefängnis?“ will Silke wissen. Sie hat solche Angst davor.
Das Gefängnis ist der große Dornenbusch hinten im Garten. Zuerst war es nur ein Spiel, aber dann wurde es ernst. Ralf steckt die Kinder hinein, mit denen er Streit hat.
„Nein, keiner geht mehr in das Dornengefängnis, nur wenn wir wirklich spielen“, meint Alex.
„Und ich bin nicht mehr die Wächterin davor“, sagt Susanne, und dabei sieht sie Ralf herausfordernd an.
„Außerdem muß Hauen und Treten verboten sein! Wir verabreden das jetzt einfach“, schlägt Carolin vor.
Die anderen nicken.
„Und es wird nichts mehr extra kaputtgemacht, nur noch aus Versehen“, meint Christian.
„Meinst du etwa auch mich?“ brüllt Ralf.
„Ja“, sagt Christian. „Denk mal an eben. Da hast du einfach mein Flugzeug auf den Boden geworfen. Mit Absicht!“
„Ihr seid alle doof! Alle!“ schreit Ralf. „Alle seid ihr gegen mich!“
Heulend hockt er sich auf den Boden.
Ralf heult? Das haben die anderen noch nie gesehen.
Und Frau Wiese?
Sie steht nur da und tröstet Ralf nicht.
„Jetzt siehst du, daß du keinen Freund hast, keinen einzigen“, sagt Lisa.
Ralf schluchzt jetzt sogar, und einigen Kindern tut er leid. Schließlich fragt er: „Was soll ich denn machen?“

„Überleg doch mal. Und wenn dir nichts einfällt“, sagt Lisa, „dann kannst du nichts machen, dann bist du vielleicht der Schwächste in unserer Gruppe.“
Da springt Ralf auf, stürzt sich auf Lisa und fast ...
Zum Glück schreien die anderen: „Ralf! Halt! Hör auf!“
Da besinnt er sich, nimmt sich zusammen, wütend und zornig und ein bißchen traurig.
„Kommt, wir spielen weiter“, schlägt Alex vor.
Lisa geht zum Basteltisch, und Alex springt auf die Matratze in der Verkleidungsecke.
Ralf steht eine Weile herum und sieht zu. Dann geht er zu Alex und fragt: „Kann ich mitmachen?“

Können Hexen lieb sein?

Besuch im Kindergarten

„Seht mal, der Jan wird von einer Hexe in den Kindergarten gebracht“, schreit Christian aufgeregt.
Einige Kinder rennen zum Fenster.
„Tatsächlich, eine Hexe“, staunt Annika.
Als die Tür aufgeht und Jan und die Hexe hereinkommen, starren die Kinder sie an.
„Tschüß Jan, bis heute mittag“, sagt sie und lacht.
Annika bekommt eine Gänsehaut.
Die Hexe knotet ihr buntes Kopftuch fest, so daß die Kinder die tiefen Falten in ihrem Gesicht nicht mehr sehen können. Auf ihren Stock gestützt geht sie hinaus. Der lange braune Rock schleift fast auf dem Boden. Sogar einen Buckel hat sie - wie bei Hänsel und Gretel.
„Bestimmt sitzt manchmal eine schwarze Katze auf ihrer Schulter“, meint Annika.
„Hast du denn keine Angst?“ fragt Christian den Jan.
„Angst, wieso denn Angst?“ fragt Jan zurück.
„Na, vor der Hexe“, bohrt Silke weiter.
„Das ist doch Frau Mertens“, lacht Jan. „Sie wohnt bei uns nebenan. Und wenn sie mich nicht gebracht hätte, wäre ich heute nicht in den Kindergarten gekommen. Die nächsten Tage auch nicht. Meine Mama ist nämlich im Krankenhaus. Es dauert mindestens zwei Wochen, hat der Arzt gesagt.“
Jan wohnt in der Hochhaussiedlung hinter der Hauptstraße. Der Verkehr dort ist sehr stark, und da es keine Ampel gibt, ist es für Kinder beinahe unmöglich, die Straße alleine zu überqueren.

Am Ende dieser Siedlung steht das kleine Knusperhaus von Frau Mertens. In ihrem verwilderten Garten, der dazugehört, darf Jan spielen.

„Viele gute Verstecke gibt es dort – sogar einen Kirschbaum und einen Apfelbaum“, schwärmt Jan. „Frau Mertens hat gesagt, daß früher alle Leute in der Siedlung so einen tollen Garten hatten. Da hätte es aber noch nicht die Hochhäuser gegeben, diese scheußlichen Wolkenkratzer mit den vielen Menschen.“

„Früher war alles anders, hat meine Oma gesagt“, erzählt Silke.

„Das stimmt. Frau Mertens hat mir erzählt, daß die Kühe bis ans Haus gekommen sind. Eine hat sogar einmal bei ihr durch das Küchenfenster geguckt.“

Die Kinder lachen.

„Aber es gab auch keine Autos“, wendet Tim ein.

„Na und? Deshalb konnten die Kinder überall spielen“, sagt Jan. „Geschäfte und Kindergärten gab es auch nicht“, erzählt er weiter.

„Wo haben die Leute denn eingekauft?“ will Annika wissen.

Doch das weiß Jan auch nicht.

Mittags, als Frau Mertens wiederkommt, flüstert Tim: „Wie alt ist sie wohl?"
„Bestimmt 100", meint Annika.
„Eigentlich könnte sie uns doch mal erzählen, wie früher alles war. Wo sie eingekauft hat, und von den Kühen und so", überlegt Tim.
„Super Idee!" Annika rennt begeistert zu Frau Wiese. Und Jan wird beauftragt mit Frau Mertens darüber zu sprechen.
„Gerne komme ich zu euch in den Kindergarten", sagt Frau Mertens. „Das ist für mich eine schöne Abwechslung. Seit mein Mann tot ist, fühle ich mich sehr einsam."

Am nächsten Tag kommt Frau Mertens. Unter ihrem Arm trägt sie eine Tapetenrolle. Die Kinder sind ganz aufgeregt.
„Vielleicht ist sie aber doch eine Hexe ...", zweifelt Annika. „Sie sieht nun mal so aus."
Frau Mertens läßt sich die Spiele erklären, schaut die Bilderbücher an und interessiert sich sehr für die Verkleidungsecke.
„Solche Sachen braucht ihr?" fragt sie. „Da schenke ich euch noch ein paar alte Hüte, mit Blumen und bunten Sachen oben drauf. Ich trage sie doch nicht mehr."
Ein tolles Angebot! Die Kinder jubeln.
Nun wollen sie aber wissen, aus welchem Grund Frau Mertens die Tapetenrolle mitgebracht hat.
Sie stellen einen Stuhlkreis und setzen sich mucksmäuschenstill hin.
„Wie weit könnt ihr schon zählen?" fragt Frau Mertens.
„Bis 1000", sagt Christian.
„Angeber, bis 100", sagt Tim.
„Ich kann bis 32", meint Silke.
„Na, paßt einmal gut auf."
Frau Mertens macht ein geheimnisvolles Gesicht. Dann klebt sie mit Frau Wiese die Tapetenrolle quer an die Wand.
„So", sagt sie, „jetzt male ich Kreuzchen auf die Tapete, und ihr zählt dabei. Eins, zwei, drei und so weiter."
Die Kinder zählen.

Völlig aus der Puste sind sie bei 47 - 48 - 49 angekommen. Aber es geht immer noch weiter.
Frau Mertens malt Kreuzchen neben Kreuzchen.
85 - 86 - 87, und dann malt sie nur noch ein halbes und hört auf.
Sie ist an der anderen Seite der Wand angekommen.
„Ich wollte euch einmal zeigen, wieviel Jahre ich alt bin. Ich bin 87 Jahre alt, und bald werde ich 88! Da staunt ihr, was?"
Die Kinder staunen wirklich.
„Das sind ja fast 100!" ruft Christian.
„Ob ich 100 werde, das weiß ich nicht", lacht Frau Mertens. Dann malt sie unter ihre Kreuzchen eine kurze Reihe mit 28 Stück für Frau Wiese, dann sechs, fünf und vier für die Kinder in der Gruppe. Ganz zum Schluß malt Frau Mertens drei für den kleinen Thomas. Er kann gar nicht verstehen, warum er nur so wenig bekommt.

An diesem Tag erzählt Frau Mertens viele interessante Dinge: Wie die Leute früher ihre Wäsche gewaschen haben, ohne Waschmaschine, wie sie Brot gebacken haben und welches Spielzeug die Kinder hatten.
Das ist spannend, und die Kinder hören aufmerksam zu.
„Du mußt unbedingt wiederkommen und uns noch viel mehr erzählen", bittet Christian.
„Und mit uns spielen und basteln und turnen und singen", rufen alle durcheinander.
„Das tue ich gerne", sagt Frau Mertens, „aber beim Turnen schaue ich lieber zu; ich bin schon ein bißchen steif geworden."
„Frau Mertens", Annika schaut sie ernst an, „meine Mama schmiert sich immer so eine Creme ins Gesicht, damit die Falten weggehen. Soll ich dir davon ein bißchen mitbringen?"
Frau Mertens muß so sehr lachen, daß ihr die Tränen in und über ihre tiefen Falten kullern.
„Nein Kind", lächelt sie dann, „das ist lieb gemeint von dir, aber bei mir nützt das nichts mehr."

„Schau, diese Rillen haben sich über 88 Jahre hinweg eingegraben. Sie kommen vom Lachen, vom Weinen, vom Wütendsein und vom Nachdenken. Heute ist bestimmt eine neue dazugekommen. Stell dir mal vor, die wären plötzlich weg! Ich würde mich doch gar nicht wiedererkennen, wenn ich in den Spiegel schaue."

Mittags schenken die Kinder Frau Mertens ihre gebastelten Vögel, die sie eigentlich mit nach Hause nehmen wollten.
Frau Mertens kommt oft in den Kindergarten.
Sie wird eine richtige Kindergartenoma.

Weil du nicht dazugehörst

Simon will getauft werden

Nadine malt eine leuchtendbunte Kerze und einen Blumenstrauß.
„Das Bild ist für Sebastian", sagt sie.
Jeder in der Gruppe weiß, daß Sebastian ihr kleiner Bruder ist. Seit er auf der Welt ist, und das sind schon drei Monate, erzählt sie jeden Tag von ihm. Manchmal darf sie ihm ganz alleine die Flasche geben und beim Baden helfen.
Tim findet kleine Brüder doof und ist froh, daß er keine hat.
„Am Sonntag schenke ich Sebastian das Bild", erzählt Nadine weiter. „Er wird getauft, und dann ist bei uns ein schönes Fest."
„Ich wurde auch getauft, als ich ein Baby war", berichtet Tim.
„Ich auch", sagt Nadine. „Meine Patentante und meine Oma kommen am Sonntag zu Besuch. Und der Bruder von meiner Mama; er wird der Patenonkel von Sebastian."
„Lädst du mich auch ein?" fragt Simon.
„Dich? Zur Taufe von Sebastian? Nein, das geht nicht. Es ist doch keine Geburtstagsfeier. Und außerdem gehörst du nicht dazu. Du bist ja nicht getauft, hat meine Schwester gesagt."
„Wozu soll Taufen denn gut sein?" fragt Simon.
„Dann hast du Paten, und die schenken dir zu Weihnachten und zum Geburtstag etwas Besonderes", erklärt Tim.
„Außerdem paßt der liebe Gott nicht auf dich auf, wenn du nicht getauft bist", sagt Nadine.
Simon schaut sie mit großen Augen an: „Das stimmt nicht."

„Doch das stimmt, ich weiß es genau“, behauptet Nadine nun und sieht Simon ernst an.
Simon erschrickt.
Wenn das wirklich wahr ist, dann ist alles umsonst.
Dann nützt es ja gar nichts, wenn er betet: Lieber Gott, beschütze mich.
Und was macht er, wenn er Angst hat? Wenn die schlimmen Träume wiederkommen?

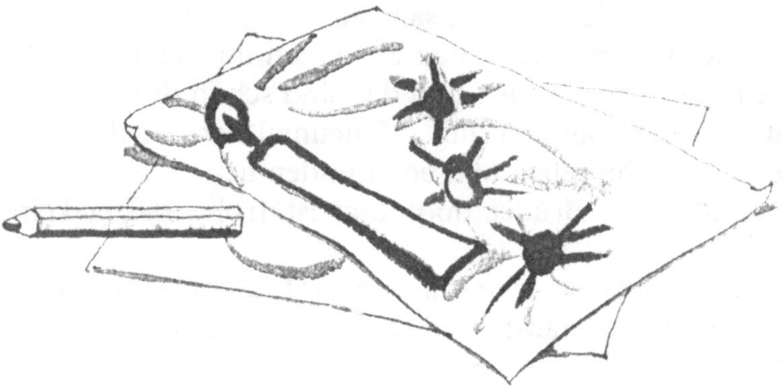

„Sag ehrlich, du schwindelst?“ versucht es Simon noch einmal.
„Nein“, sagt Nadine. „Auf dich paßt der liebe Gott nicht auf.“
Gemein findet Simon das. Was kann er denn dafür. Die Eltern bestimmen doch, ob ihr Kind getauft wird oder nicht.
Paten braucht er nicht; er hat ja Opa.
„Vielleicht hat Nadine doch nicht recht“, denkt er.
Aber alle Kinder, die er fragt, sind getauft.
Katrin behauptet sogar, die Eltern würden bei der Taufe zum lieben Gott sagen, daß sie sich sehr freuen, daß ihr Kind lebt.

Ein paar Tage später kommt der Pfarrer in den Kindergarten. Simon geht schnurstracks auf ihn zu und fragt wegen der Taufe.
„Gott paßt auch auf dich auf, Simon, egal, ob du getauft bist oder nicht", antwortet der Pfarrer.
Ein bißchen zweifelt Simon noch, aber der Pfarrer muß es doch wissen.
„Wenn der liebe Gott trotzdem auf mich aufpaßt, wozu ist dann die Taufe da?" will er wissen.
„Die Taufe ist ein Zeichen dafür, daß die Kirche dich in ihre Gemeinschaft aufgenommen hat und daß du dazugehörst", erklärt der Pfarrer.
„Kannst du meine Eltern nicht überreden?" fragt Simon.
„Überreden nicht, aber ich kann mit ihnen reden", verspricht der Pfarrer.

Einige Wochen später, kurz vor der Einschulung, wird Simon getauft. Simons Eltern, seine Patin, die Kindergartengruppe und Frau Wiese sind dabei.
Simon ist furchtbar aufgeregt, aber er zappelt nicht wie sonst herum, sondern sitzt ganz still und wartet. Er sieht sich in der Kirche um. Ein bißchen friert er.
„Ob Gott in der Kirche ist? – Hoffentlich sieht er mich. Sonst merkt er vielleicht gar nicht, daß ich getauft werde."
Als der Pfarrer sagt: „Simon, ich taufe dich im Namen des Vaters und des Sohnes und des Heiligen Geistes. Amen." Und: „Gott beschütze dich", da atmet Simon erleichtert auf.
„Gott sei Dank", denkt er unwillkürlich.
Die Kindergartenkinder singen ein Tauflied, das sie extra eingeübt haben. In der Kirche klingt es viel feierlicher und schöner als im Gruppenraum.
„Meine Taufe war viel besser als eine Babytaufe", sagt Simon zu Frau Wiese. „Nun bin ich froh, daß ich getauft bin. Es ist doch so viel sicherer, daß der liebe Gott auf mich aufpaßt."
Jedes Kind schenkt Simon eine Blume, so daß es ein dicker Strauß wird. Nadine hat für ihn sogar ein Bild gemalt –

mit einer Kerze und einem Blumenstrauß. „Weil du jetzt dazugehörst“, hat sie gesagt.
Simons Patin heißt Heike und geht noch zur Schule. Sie wird ihm kein Fahrrad oder etwas anderes Großes schenken können, denn sie verdient kein Geld.
„Aber helfen werde ich dir, Simon, wenn du mich brauchst“, verspricht sie.
Und das ist viel mehr wert.

Ein trauriges Gefühl

Jule ist Jule, und Bastian ist Bastian

Eine Woche lang arbeitet Bastian im Kindergarten an seinem Fensterbild. Beim Ausschneiden strengt er sich so sehr an, daß ihm die Hand weh tut und er immer wieder eine Pause machen muß.
Nun ist es geschafft.
Ein Ring aus braunem Tonpapier liegt vor ihm und daneben ein Apfelbaum mit kleinen roten Äpfeln, die er aufgeklebt hat. Das sieht toll aus. Auch die Sonne ist fertig. Zwar sind einige Strahlen ein bißchen schief geschnitten, aber das stört Bastian nicht.
„Ganz prima ist dein Fensterbild geworden! Zeig es doch heute mittag deiner Mama", schlägt Frau Wiese ihm vor. Dann befestigt sie den Baum und die Sonne in dem braunen Papierring und hängt ihn an einem Faden auf.
„Super sieht das aus", staunt Hakan, der mit seinem Fensterbild gerade erst anfängt.
Als Bastians Mama ihn mittags abholt, zeigt er ihr stolz sein Bild. Sie schaut kurz darauf und sagt: „Schön, Bastian. – Deine Sonnenstrahlen sind ziemlich schief. Die Jule konnte in deinem Alter schon besser ausschneiden. Naja. – Komm jetzt."
Da war es wieder, das traurige Gefühl in Bastian.
„Wenn ich doch auch alles so gut wie die Jule könnte", denkt er.
Zu Hause angekommen, legt Mama das Fensterbild auf den Garderobenschrank – und den dicken Schlüsselbund darauf. Dabei verknickt der Apfelbaum, aber Mama bemerkt es nicht

einmal. Als Jule aus der Schule kommt, sieht sie das Fensterbild sofort.
„Hast du das gemacht?“ fragt sie.
Bastian nickt.
„Schön. Nur die Sonnenstrahlen sind schief. Soll ich sie dir gerade schneiden?“
„Nein!“ schreit Bastian, und dann wirft er kurzerhand sein Fensterbild in den Müll.
Mama merkt nicht, daß es nicht mehr da ist.
Später erzählt Mama der Oma am Telefon, daß Jule die beste Mathearbeit aus der Klasse geschrieben hat.
Kein Wort über Bastians Fensterbild.

Beim Essen redet Jule dann pausenlos. Mama und Papa hören zu. Und jedes Mal, wenn Jule die Gabel in den Mund schiebt, will Bastian es sagen.
Doch Jule kaut und schluckt und lacht und redet gleichzeitig. Beinahe wäre es Bastian gelungen, es zu sagen, aber Mama meint, Jule solle erst einmal zu Ende erzählen.
Papa sagt nichts.
Er sagt nicht: „Jetzt kommt der Bastian mal dran."
Und Bastian weiß, daß er es heute wieder nicht sagen kann.
Er wollte nämlich sagen, daß es ihm nicht gutgeht und er es ungerecht findet, daß Jule immer alles und er gar nichts darf.
Er wollte sagen, daß er sich beim Ausschneiden so angestrengt hat. Daß er Schwimmen lernen will im Schwimmkurs, weil er es nicht alleine schaffen wird wie Jule, weil er Angst im Tiefen hat.
Er wollte sagen, daß Papa mit seinem Chef reden soll, damit der nicht immer mittags anruft, wenn Papa Hunger hat und das Essen kalt wird. Und er wollte fragen, ob Papa sich einmal einen Tag freinehmen kann – für einen „Bastiantag".
All das wollte Bastian sagen und noch vieles mehr.
Doch Papa sieht auf die Uhr, springt auf und beim Rausgehen ruft er noch: „Wartet heute nicht auf mich, die Besprechung dauert lange."
„Kannst du mich zum Ballett fahren?" fragt Jule jetzt Mama.
Das macht Mama natürlich, und Bastian muß mitfahren.
Bastian ist nur froh, daß es in ein paar Tagen Ferien gibt.
Jule darf das erste Mal allein weg, aber er, er fliegt mit Papa und Mama in Urlaub! In ein anderes Land! Wie das Land heißt, hat er vergessen. Denn nur eins ist wichtig: Sie fliegen ohne Jule!
Damals, als Jule im Krankenhaus lag, hatte Bastian sich gewünscht, daß sie noch lange im Krankenhaus bleiben muß.
Als er dann gesehen hatte, wie krank Jule war, tat sie ihm so leid, daß er ihr die fünf Mark schenkte, die sie sich von ihm geliehen hatte.
Aber heute hatte er kein schlechtes Gewissen.

Endlich ist es soweit. Jule ist fort, und Mama und Papa haben ihre Koffer gepackt.
Bastian auch.
Seinen kleinen Koffer hält er in der Hand, als das Taxi kommt, um sie zum Flughafen zu bringen.
„Laß den Koffer hier, wir haben schon viel zuviel Gepäck", sagt Mama.
Doch Bastian hält seinen Koffer fest: „Ich brauche ihn, er ist auch ganz leicht."
„Was hast du denn alles eingepackt?" fragt Papa neugierig.
Bastian verrät es nicht.

Das Flugzeug startet, und Bastian sitzt angeschnallt zwischen Papa und Mama. Er ist ungeheuer aufgeregt – und froh. Bald dürfen sie die Gurte lösen, und der Flugkapitän wünscht durch den Lautsprecher einen guten Flug. Bastian schaut erst zu Mama und dann zu Papa. Er nimmt seinen kleinen Koffer und öffnet ihn.
Mama und Papa wundern sich: Blätter sind darin, lauter leere Blätter und ein Stift.
„Willst du malen?" fragt Papa.
Bastian schüttelt nur den Kopf. Er freut sich, weil Mama und Papa endlich richtig zuhören können; kein Telefon holt den Papa, keine Jule redet dazwischen, und Mama hat nichts Wichtiges zu tun.
Jetzt kann Bastian alles sagen. Alles, was er schon so lange sagen wollte. Und Papa soll es auf die leeren Blätter schreiben, damit sie es immer wieder lesen und nie mehr vergessen können.
„Ich wußte gar nicht, daß es dir so schlecht geht." Dabei drückt Mama Bastian an sich.
Papa schreibt und schreibt. Unter die letzte Seite schreibt er: Jule ist Jule, aber Bastian ist Bastian!
Dann faltet er die drei Zettel so klein, daß sie in seine Brieftasche passen. Er steckt sie zu den anderen wichtigen Papieren, zum Paß und zur Scheckkarte.

BASTI

Zufrieden lehnt Bastian sich in seinem Sitz zurück und denkt: „Wie schön ist es, mit Mama und Papa in den Urlaub zu fliegen!“
„Der Jule müssen wir sofort eine Karte schicken“, sagt er dann, „gleich, wenn wir ankommen.“
„Machen wir“, verspricht Papa.

Das verzauberte Haus

Behindert – was ist das?

Im Kindergarten sitzt Steffi am liebsten im Schneidersitz auf dem Boden und hört Musik.
„Lala“, sagt sie und schaukelt mit Kopf und Oberkörper vor und zurück. Dabei streicht sie mit dem einen Daumen über den anderen, so schnell oder so langsam, wie es ihr die Musik erzählt.
Das ist schwer, aber Steffi kann das, und es wird ihr nie langweilig.
Dennis hat es auch probiert, doch so gut wie Steffi kann er es nicht.
„Hör auf damit!“ schimpft Steffis Mama, wenn sie Steffi schaukeln sieht.
Dann guckt Steffi sehr böse, zieht einen Bratschmund und macht ihre Augen schlitzklein.
„Es wird dir schwindelig, wenn du so schaukelst“, meint Frau Wiese und gibt ihr zwei Klanghölzer.
Da freut sich Steffi, klopft darauf und sagt wieder: „Lala.“
Dabei sitzt sie ganz still.
Aber immer kann Steffi die Klanghölzer nicht haben. Dann geht Dennis zu ihr, drückt auf Steffis Bauch, so, als wäre dort ein Knopf zum Ausschalten, und ruft: „Stop!“
Steffi lacht und hört auf zu schaukeln.

In der Puppenecke ist Steffi viele Tage das Baby. Nadine und Tim tragen sie herum, geben ihr die Flasche und legen sie ins Bett. Steffi gefällt das, und sie macht alles, was die anderen wollen. Aber eines Tages sagt Steffi: „Nein!“

Sie will nicht mehr das Baby sein. Nadine bettelt ein bißchen: „Och bitte, Steffi, du bist das beste Baby aus der Gruppe."
Steffi schreit: „Nein!"
Tim und Nadine sind enttäuscht und haben keine Lust mehr, in der Puppenecke zu spielen.
Doch da sagt Steffi etwas, was sie noch nie gesagt hat: „Steffi - Mutter."
Zu Nadine, zu Tim und zu Dennis, der dazugekommen ist, sagt sie: „Schlafen."
Die drei legen sich brav auf die Matratzen und decken sich zu. Steffi holt die kleinen schwarzen Töpfe, rührt darin und probiert. Sie kocht so lange, bis Tim fast wirklich eingeschlafen ist.
Dennis schlägt vor: „Ich bin der Vater und gehe zur Arbeit."
Und Nadine: „Ich wär der Hund und renne hinter dem Vater her."
Steffi nickt. Endlich kann sie ungestört, und so lange sie will, mit dem Herd spielen.

Weil die Kinder mit Wasserfarben eine Stadt malen wollen, legt Frau Wiese mitten auf den Boden des Gruppenraums einen großen Bogen Papier. Alle hocken drum herum.
Steffi kniet neben Dennis.
Beim Malen drückt sie so feste auf, daß ihr Pinsel fast alle Borsten verliert.
„Haus“, sagt sie.
Dann sieht sie eine Weile zu. Auf einmal nimmt sie den Becher und trinkt blitzschnell das schmutzige Wasser. Die anderen Kinder halten den Atem an.
„Oh weh, was passiert jetzt?“ fragt Nadine erschrocken.
„Das darfst du nicht machen! Nie mehr, hörst du?“ schimpft Frau Wiese. „Zum Glück sind die Farben nicht giftig.“
Steffi nickt.
„Die kann nicht mehr mitmalen. Sie malt sowieso nur Krickelkrackel“, schimpft Michael. „Dabei ist sie schon fünf! Guckt mal, ein Haus soll das sein. So ein Haus brauchen wir nicht in unserer Stadt!“
„Es ist ihr Haus!“ schreit Dennis wütend. „Und ihr Haus sieht so aus! Vielleicht ist es verzaubert, und wir können es nur nicht erkennen.“
„In jeder Stadt gibt es ein Haus, das verzaubert ist“, erklärt Nadine.
Während die anderen Kinder weitermalen, stibitzt Steffi die rote Wasserfarbe und versteckt sie in ihrer Schublade. Keiner merkt es. Steffi stellt sich mit dem Rücken davor und freut sich, als alle das Rot suchen.
In ihrer Schublade liegen noch mehr Sachen: Stifte, Puzzleteile, eine Schere, Faltpapier, Perlen, ein Apfel und ein Socken. Und alles ist rot. Rot ist nämlich Steffis Lieblingsfarbe.

Später als Dennis beim Schnipp-Schnapp-Spiel verliert, merkt nur Steffi, daß er traurig ist.
Sie legt beide Arme um seinen Hals, drückt ihn und fragt: „Gut, ja?“
Da geht es Dennis ein bißchen besser.

„Ich lade Steffi zu meinem Geburtstag ein“, sagt Dennis zu seiner Mutter, als sie ihn abholt.
„Gut“, sagt sie, „ein Kind darfst du noch einladen, dann seid ihr zu fünft. – Sag mal, Dennis, die Steffi, ist sie behindert?“
„Behindert?“ fragt Dennis. „Was ist das denn? Steffi ist Steffi.“

Was ist das schon

Der beste Müllmann der Welt

„Mein Vater ist der Chef von der Negerkußfabrik", sagt Laura im Kindergarten zu den anderen. „Ich kann so viele Negerküsse essen, wie ich will."
„Sieht man", meint Johannes. „Aber mein Vater ist viel mehr, er ist nämlich der Chef vom Wasserwerk."
„Na und, was ist das schon", sagt Alex. „Meine Mama kennt den Stadtdirektor, und deshalb darf ich spielen, wo ich will, auch da, wo ein Schild steht: Spielen verboten."
Nur Janne sagt nichts.
Aber abends erzählt sie ihrem Vater:
„Papa, alle im Kindergarten haben damit angegeben, was ihr Papa macht. Womit kann ich denn angeben?"
„Ich weiß nicht", sagt Papa.
Nach dem Abendessen fragt er dann: „Janne, willst du morgen mit mir mitfahren?"
„Ja, ja! Das ist toll", ruft Janne begeistert. Wie lange hatte sie darauf gewartet.
„Wenn du größer bist als unsere Mülltonne, dann darfst du mitkommen", hatte Papa immer wieder versprochen.
Und Janne ist größer als die Mülltonne.

In dieser Nacht kann Janne kaum schlafen.
Frühmorgens weckt Papa sie: „Guten Morgen, kleine Kollegin!"
Er gibt ihr einen Kuß. Sein Bart kitzelt, und Janne ist sofort wach.
Sie springt aus dem Bett und zieht sich an. Mama macht zwei

Thermoskannen fertig: eine mit Kaffee für Papa und eine mit Tee für Janne. Außerdem packt sie einen Berg Butterbrote ein.
„Bei eurer Arbeit bekommt ihr bestimmt großen Hunger“, sagt sie.
Schon hupt draußen Papas Kollege, Janne sagt Mama schnell „Tschüß“ und rennt hinaus.
Ingo, der Kollege von Papa, nimmt Janne auf den Arm und wirft sie in die Luft.
„Kommst du heute mit?“ fragt er.
„Ja“, sagt Janne, „endlich!“
„Guten Morgen, Karlchen“, begrüßt Papa den zweiten Kollegen, der hinten auf dem Müllwagen steht, wo die Tonnen eingehängt werden. Dann klettert er hinter das Steuer des Müllautos. Janne bekommt eine orange Mütze aufgesetzt, wie die Müllmänner sie alle tragen. Nun geht es los.
Papa startet, und Janne winkt Mama.
„Wie klein Mama aussieht von hier oben“, denkt Janne.

Zuerst fahren sie durch die Blumensiedlung. Die Leute haben ihre Mülltonnen vor die Haustüren gestellt. Auf den Mülltonnendeckeln kleben Marken. Wie Briefmarken sehen die aus.
„Diese Marken müssen die Leute im Rathaus kaufen, damit bezahlen sie die Müllabfuhr", erklärt Papa.
Ingo und Karlchen springen vom Müllauto ab, holen die Tonnen, hängen sie ein, drücken einen Hebel, die Tonne schwenkt nach oben und wird geleert. Dann stellen sie die Tonnen zurück.
„Wie schnell sie das können", staunt Janne.
Am Veilchenweg steigt Papa aus.
„Hier wohnt Frau Berg. Sie ist sehr krank und kann die Tonne nicht tragen", erklärt Papa. Er klopft an das Fenster und ruft: „Hallo, Frau Berg, hier ist die Müllabfuhr. Wie geht es Ihnen?"
„Danke, danke, ich kann nicht klagen", antwortet die Frau und schaut aus dem Fenster. Papa bringt die leere Tonne bis zur Tür von Frau Berg. Stolz zeigt er auf Janne: „Das ist meine Tochter. Sie hilft mir heute."
Janne setzt sich ganz gerade hin, damit Frau Berg sieht, wie groß sie ist.
„Nett von Papa, daß er der Frau hilft", findet Janne.
Sie fahren weiter, und als alle Tonnen in der Blumensiedlung geleert sind, ruft Papa, denn er ist der Chef:
„Ingo, Karlchen, Frühstückspause!"
Papa hält auf dem Parkplatz vor dem Hochhaus und macht den Motor aus. Ingo und Karlchen setzen sich zu Papa und Janne ins Führerhaus. Eingequetscht zwischen Müllmännern, schmeckt Janne ihr Brot so gut, wie noch nie. Sie trinkt ihren Tee und gibt Karlchen etwas davon ab.
„Paßt noch mehr Müll in das Auto?" fragt Janne, als sie weiterfahren.
„Noch viel mehr", sagt Papa.
„Woran merkst du denn, wenn der Wagen voll ist?"
„Ganz einfach", antwortet Papa, „dann blockiert hinten die Klappe und geht nicht mehr auf."

Nun sind sie in der Fischsiedlung angekommen. Hier ist schon viel los. Leute fahren mit dem Auto zur Arbeit, und einige Schulkinder sind auch schon unterwegs. Frau Thomas macht ihren Laden auf und stellt die Gemüsekisten vor die Tür.
Dann fährt Papa sehr nah an den Häusern vorbei, weil die Straße hier so eng ist. Er fährt ganz langsam, so daß Janne in ein Küchenfenster schauen kann.
Da sieht sie, sie kann es nicht glauben, Laura mit ihrer Mama am Frühstückstisch sitzen.
Janne winkt mit beiden Armen, und Laura ist so platt, als sie Janne erkennt, daß sie vor Staunen vergißt, den Mund beim Kauen zuzumachen.
„Ich kann dir in dein Müsli spucken", ruft Janne ihr zu.
Da müssen beide lachen.
Ein paar Häuser weiter kommt Alex mit seiner Mutter aus der Tür. Sie wollen zum Kindergarten gehen. Fast reißt Alex seiner Mama den Arm aus, als er Janne entdeckt.
In der Fischsiedlung wohnen viele Kinder. Ingo kennt sie fast alle. Wenn sie das Müllauto hören, kommen sie ans Fenster und schauen beim Leeren zu. Den kleineren legt Ingo manchmal ein Bonbon auf die leeren Mülltonnen.
Papa bekommt an diesem Morgen von zwei Kindern ein Bild geschenkt, selbstgemalt.
Janne ist sehr stolz auf Papa.
Am Ende der Siedlung, vor dem letzten Haus, steht eine Frau. Sie winkt und schreit immerzu: „Halt! Halt!"
Papa hält an und steigt aus.
„Mein Schlüssel ist weg! Er ist bestimmt in der Tonne. Was mache ich nur? Das Baby ist alleine im Haus."
Papa kippt kurzerhand die Mülltonne auf den Bürgersteig. Ingo, Karlchen und er gucken den ganzen Müll durch. Mit ihren Handschuhen wühlen sie darin herum. Aber nichts. Der Schlüssel ist nicht zu finden.
Doch Janne entdeckt ihn.
„Im Briefkasten steckt er", ruft sie durch das Fenster des Müllautos.

„Oh danke, danke!" sagt die Frau erleichtert und läuft zur Haustür.
„Nun habe ich richtig geholfen", denkt Janne.
Bald danach hebt Papa Janne aus dem Müllwagen heraus und zeigt ihr, daß die Klappe hinten nicht mehr aufgeht. Das Müllauto ist voll. Die Müllmänner müssen nun zur Verbrennungsanlage fahren. Doch dorthin soll Janne ein anderes Mal mitfahren. Papa fährt Janne zum Kindergarten. Sie will unbedingt noch hin, obwohl es fast Mittag ist und es sich nicht mehr lohnt.
Ingo hebt Janne über den Zaun des Kindergartens und sagt: „Tschüß!"
Alle Kinder sind draußen, und alle sehen, daß Janne mit dem Müllauto gefahren ist.
„Mein Papa ist der beste Müllmann der Welt!" prahlt sie. „Und er hat die nettesten Kollegen. Der Ingo kennt sogar Frau Wiese. Er war hier in unserem Kindergarten, als er ein kleiner Junge war. Wenn ich groß bin, fahre ich jeden Tag mit dem Müllauto. Dann werde ich Müllfrau."
Laura, Alex und Johannes sind ein bißchen neidisch.

Krokodilswäsche

Wenn ich einen Bruder hätte ...

„Räum dein Zimmer auf, Michaela", sagt Mama nun schon zum dritten Mal.
„Aufräumen, aufräumen, immer nur aufräumen, dabei habe ich überhaupt noch nicht gespielt", meckert Michaela.
Sie sieht sich in ihrem Zimmer um und weiß nicht, was sie aufräumen soll. Die Spiele liegen ordentlich im Regal, und auf dem Teppich sind nur noch die Sachen verstreut, die nicht mehr in den Schrank passen.
„Ich habe viel zuviel", denkt Michaela, „deshalb weiß ich auch nie, womit ich spielen soll."
Aus dem Schrank holt sie selten etwas heraus. Er ist bis oben hin vollgestopft, so daß die Tür kaum noch zugeht.
Schimpfen kann Mama heute nicht. Der helle Teppich hat kein Fleckchen, sie hat gut aufgepaßt und nicht vergessen, die Schuhe auszuziehen. Sie hat in ihrem Zimmer keinen Saft getrunken und keine Süßigkeiten gegessen, so wie es mit Mama abgesprochen ist.
„Die Sachen in deinem Zimmer sind so empfindlich", hatte Mama ihr damals erklärt.
Michaela hätte lieber Sachen, die nicht empfindlich sind, die sie abwaschen könnte, wenn etwas umkippt.
Auf dem neuen Sofa sitzen alle Schmusetiere und schauen Michaela an.
„Da sehen sie schön aus", meint Mama.
Aber für Michaela ist kein Platz mehr.
Das Häschen von Oma, der Bär von Tante Eva, die Puppe von Onkel Heinz, das rosa Pferdchen von Tante Liesel und

der Dackel mit dem Knopf im Ohr sitzen drauf. Den Dackel darf Michaela nicht einmal mit nach draußen nehmen, weil er so wertvoll ist.
„Was soll ich mit den Schmusetieren, wenn keiner mit mir spielt?“

„Ich bin fertig“, ruft sie.
Und Mama läßt das Badewasser einlaufen. Michaela zieht sich aus und klettert in die Wanne.
Ein riesiger Schaumberg ist entstanden. Michaela taucht ihr Gesicht hinein und muß lachen, als sie sich im Spiegel sieht.
Sie nimmt ihren grünen Krokodilwaschlappen, der wie eine Handpuppe aussieht, und wäscht ihren Bauch.
„Wenn ich einen Bruder hätte, dann würden wir uns jetzt kein bißchen einsam fühlen“, denkt sie. „Komm ich rubbel dich, und du rubbelst mich, würde ich zu ihm sagen. Wir würden eine Wasserschlacht machen und alles schnell wieder abwischen, bevor Mama es sieht. Den ganzen Abend würden wir zusammen spielen, eine Bude bauen und uns Geschichten erzählen.“
Michaela schrubbt ihre Beine.

„Wenn mein Bruder blutet, würde ich ihm ein Pflaster holen. Und wenn er weint, dann würde ich ihm die Tränen abwischen und ihm einen Witz erzählen."
Das Krokodil in Michaelas Hand reißt sein Maul weit auf und leckt ihre Füße sauber, jeden Zeh einzeln. Am kleinen Zeh kitzelt es. – Michaela wäscht ihren Hals, die Ohren.
„Wir würden unsere T-Shirts tauschen, und es wäre uns egal, ob die Farben zusammenpaßten. Von meinem Sparschweingeld würden wir uns ein Eis kaufen, eins nur – das würden wir zusammen lecken."
Michaela spuckt in die Wanne. Sie hat Schaum in den Mund bekommen.
„Kinderfilme im Fernsehen würden wir uns nicht angucken. Mein Bruder findet das auch bestimmt langweilig. Wenn Papa riefe: ‚Kommt, es ist ein schöner Kinderfilm im Fernsehen', dann hörten wir einfach nicht hin. Wenn Papa den so gut findet, dann kann er sich den doch alleine ansehen. Vielleicht würde es mein Bruder schaffen, Papa zu überreden, mit uns zu spielen. Und vielleicht würde Papa auch einmal mit ihm schimpfen und nicht immer nur mit mir. Wenn etwas kaputtgegangen ist, dann bin nicht gleich ich es gewesen. Es könnte ja auch mal mein Bruder gewesen sein."
Michaela läßt den Bauch des Krokodils voll Wasser laufen.
„Ich würde meinem Bruder helfen, damit er Schwimmen lernt und das Seepferdchen machen kann. So würde er im Kindergarten von Thomas auch nicht ausgelacht. Und wenn einer meinen Bruder haut – dann würde ich treten und spucken und ihm helfen."
„Michaela, beeil dich!" ruft Mama. Michaela steigt aus der Badewanne, wickelt sich in das große Badehandtuch ein und rollt sich zum Trockenwerden über den Flur.
„Aber Michaela!"
„Natürlich würden wir uns auch streiten, mein Bruder und ich. Aber wir würden uns auch wieder vertragen und ‚Tschuldigung' sagen. Abends im Bett, wenn er Angst vor Gespenstern hätte, würde ich mich an ihn kuscheln und sagen: ‚Gespenster

gibt es nicht.‘ Zu seinem Geburtstag würde ich ihm das Schönste, das ich habe, schenken.“
„Komm schnell, du mußt ins Bett, Michaela. Es ist schon spät!“ Mama wird ungeduldig.
„Liest du mir noch eine Geschichte vor?“
„Nein, das geht heute nicht“, erklärt Mama. Sie will zum Englischkursus in die Volkshochschule.
„Hör dir doch eine Kassette an“, schlägt Mama vor, „der Papa kommt auch gleich.“
Aber Michaela will keine Kassette hören, sie will an ihren Bruder denken.
Als Papa nach Hause kommt, schläft sie schon.

Am nächsten Morgen im Kindergarten klebt Michaela zuerst Wollfäden an ihr gebasteltes Monster.
Und nach dem Frühstück krabbelt sie unter den Tisch, der mit einer Decke zugehängt ist. Wie eine Höhle.
„Hey“, sagt Jonas, der darunter sitzt und sehr traurig aussieht.
„Hey“, sagt Michaela.
„Jetzt lassen wir keinen mehr rein“, beschließt Jonas, und Michaela nickt.
„Ich bin stinksauer auf meine Brüder“, beginnt Jonas. Er erzählt, daß sie ihm immer alles kaputtmachen.
„Nie kann ich alleine spielen. Weil sie noch nicht laufen können, robben sie überall hin. Und ich hab auch noch zwei – Zwillingsbrüder!“
Michaela hört ihm genau zu.
Jonas erklärt Michaela, daß er so lange unter der Decke sitzen bleiben will, bis ihn alle suchen. Seine Mama soll sich mal richtig Sorgen machen.
„Immerzu sagt sie: ‚Laß doch die beiden, sie sind noch so klein!‘ Und wenn sie was kaputtgemacht haben, dann sagt sie: ‚Das haben sie doch nicht extra gemacht.‘ Alle finden sie süß, dabei sind sie so blöd!“
Michaela weiß gar nicht, wie sie Jonas trösten soll.

„Sag mal, Michaela, kann man sich von seinen Brüdern scheiden lassen?“ fragt Jonas.
„Ich glaube, das geht nicht“, antwortet Michaela. „Dann mußt du ja wegziehen in eine andere Stadt oder so.“
„Stimmt“, meint Jonas, „wegziehen will ich nicht.“
Sie sitzen eine Weile herum, bis Jonas sagt: „Ich habe Hunger, kannst du mir meine Tasche holen?“
„Na, klar!“
Als Michaela mit der Tasche wieder unter den Tisch robbt, fragt sie: „Jonas, willst du mein Bruder sein? Wir könnten unsere Mütter fragen, ob du heute bei mir schlafen darfst. Dann können wir spielen, und es stört uns keiner.“
„Au ja“, lacht Jonas, beißt zuerst in sein Brot und hält es dann Michaela hin. Schließlich krabbeln sie unter der Decke hervor. Damit alle in der Gruppe merken, daß sie jetzt Geschwister sind, tauschen sie ihre T-Shirts und machen sich aus lila und grünem Kreppapier Stirnbänder, die genau gleich aussehen. Zum Schluß malen sie sich mit Filzstift ein geheimes Familienzeichen auf den Arm. Den ganzen Morgen fassen sie sich an der Hand, bis Annika ruft:

„Verliebt, verlobt, verheiratet!"
„Du spinnst ja, Blödi", sagt Michaela. „Der Jonas ist mein Bruder, du hast das bisher nur nicht gewußt!"
Um zwölf Uhr, als der Kindergarten zu Ende ist, kommt Jonas' Mutter mit den Zwillingen.
„Es stimmt", denkt Michaela. „Alle finden die Zwillinge süß, sogar Frau Wiese."
Jonas Mutter hat nichts dagegen, daß Jonas mit Michaela nach Hause gehen will.
„Meine Mama erlaubt es bestimmt nicht", glaubt Michaela und stellt sich auf Zehenspitzen, um zu sehen, ob sie kommt. „Sie sagt bestimmt nein! Noch nie durfte ein Kind bei mir schlafen. Vielleicht fragt sie: ‚Muß es denn ein Junge sein?' Mama weiß nicht wie Jungen sind. Sie denkt, Jungen machen alles dreckig und kaputt. Dabei sind Jungen genau wie Mädchen - mal blöd, mal nett."
Aufgeregt und mit einem dicken Kloß im Hals rennt Michaela ihrer Mutter entgegen, als sie endlich kommt.
„Mama, darf der Jonas heute mit zu uns und bei mir schlafen?" Weil ihre Mama nicht gleich antwortet, fügt sie noch schnell hinzu: „Seine Mutter hat es erlaubt."
„Ja, warum nicht. Dein neues Sofa können wir ausklappen, da wird Jonas bestimmt gut schlafen."
Michaela kann es nicht glauben. Einfach „ja" hat sie gesagt!
„Suuper", jubelt Jonas. „Komm, Schwester."
Sie rennen zum Auto, während die Mütter noch miteinander reden.

Ein Meckerziegenbock wird Opa

Wie die Kinder mit Opa Hedrich Frieden schließen

„Den Ball kriegen wir nie wieder“, sagt Christof zu Michael. In hohem Bogen ist der Lederfußball in Opa Hedrichs Garten geflogen.
„Und der Ball gehört noch nicht einmal mir, sondern meinem Bruder.“ Christof ist verzweifelt.
„Er kann doch nicht einfach den Ball behalten“, meint Michael.
„Doch, er kann! Keinen einzigen rückt er wieder raus, der blöde Meckerziegenbock!“
„Wir können doch klingeln und fragen“, schlägt Michael vor.
„Der macht nicht einmal auf!“ Christof weiß das.
Michael klingelt, aber Christof behält recht, Opa Hedrich macht die Tür nicht auf. Als aber Michael versucht, über den Zaun zu klettern, da öffnet Opa Hedrich das Fenster und droht: „Hau ab, Bürschchen! In meinem Garten hast du nichts zu suchen!“
„Gemeinheit“, knurrt Michael und rennt hinter Christof her. Ratlos hocken sich die beiden Jungen auf dem Bürgersteig. Als kurz darauf Opa Hedrich mit seinem Fahrrad ankommt, verstecken sie sich.
„Wir holen uns den Ball gleich“, flüstert Michael.
Opa Hedrich fährt langsam an den beiden vorbei, da packt Christof die Wut, und ein bißchen Rache ist auch dabei.
„Mecker-Mecker-Ziegenbock!“ ruft er.
Opa Hedrich bremst scharf, verliert das Gleichgewicht und stürzt.
„Wenn ich euch erwische!“ droht er und reibt sein Fußgelenk.

Aufstehen kann Opa Hedrich nicht, er stöhnt ein wenig. „Komm, wir hauen ab", flüstert Christof Michael zu. „Das können wir doch nicht machen, wir müssen ihm helfen", beschwört ihn Michael.
Sie trauen sich aber nicht hin zu Opa Hedrich, deshalb laufen sie zu Christofs Mutter und erzählen ihr, was geschehen ist. „Hoffentlich ist dem alten Mann nichts passiert!" Christofs Mutter rennt los. Als sie dann Opa Hedrichs Fuß sieht, ruft sie sofort den Krankenwagen.

Am nächsten Tag erfahren alle Kinder aus der Straße, daß Opa Hedrich das Fußgelenk gebrochen hat und im Krankenhaus liegt. Einige Kinder grinsen schadenfroh, aber Christof und Michael haben ein furchtbar schlechtes Gewissen.
„Wir wollten nicht, daß er sich weh tut", erzählen sie im Kindergarten, „wir wollten ihn nur ein bißchen ärgern, weil er uns den Ball nicht wiedergeben wollte."
Aus dem Kindergarten kennen einige Kinder Opa Hedrich. Sie erzählen Schauergeschichten über ihn.
„Und nicht einmal lachen darf man vor seiner Tür. ‚Es ist Mittagsruhe!' brüllt er dann."
„Immer meckert er: Faß den Zaun nicht an! Rupf die Blätter nicht ab! Wirf das Papier nicht in den Garten!"
„Und das Schlimmste ist, daß er die Bälle behält. Er hat bestimmt den ganzen Keller voll", vermutet Christof.
„So kann das doch nicht weitergehen", überlegt Frau Wiese.
Die Kindergartenkinder beratschlagen, was sie tun können. Und dann entscheiden sie sich dafür, mit Opa Hedrich Frieden zu schließen. Christof und Michael sollen ihn im Krankenhaus besuchen und sich entschuldigen.
„Aber nur, wenn du mitgehst, Frau Wiese", meint Christof.

Die beiden Jungen kommen sich ziemlich mutig vor, als sie mit einem komischen Gefühl im Bauch das Krankenzimmer von Opa Hedrich betreten.
Sehr blaß und sehr alt und sehr einsam sieht er in dem weißen Bett aus. Ein Bein ist eingegipst und hängt in einem Gestell. Opa Hedrich ist überrascht, daß er Besuch bekommt.
„Wir möchten uns entschuldigen, Opa Hedrich", sagt Christof leise. „Ehrlich, es tut uns leid", fügt Michael schnell hinzu.
Aber Opa Hedrich beachtet die beiden Jungen nicht einmal. Er lächelt Frau Wiese an und zeigt auf den Stuhl neben seinem Bett: „Nehmen Sie Platz."
„Meckerziegenbock", denkt Christof. Seine Entschuldigung ist ihm schwergefallen, und nun sagt Opa Hedrich nichts dazu.

„Jahrelang geht dieser Ärger mit den Kindern schon“, erzählt Opa Hedrich. „Die kleinen lernen es von den großen. Manchmal habe ich schon überlegt wegzuziehen. Aber wohin? Ich habe doch niemanden mehr. Und hier bin ich in der Nähe des Friedhofs. Da liegt meine Frau, und ich kann mit dem Fahrrad hinfahren.“
Opa Hedrich macht eine Pause, das Reden strengt ihn an.
„Mein Garten ist doch alles, was ich habe. Es fällt mir schwer, die Pflanzen und Sträucher zu versorgen. Immer werfen die Kinder Papier und Dosen hinein. Mein Rücken ist kaputt, und ich kann mich so schlecht bücken.“
Michael schaut Christof an und denkt: „Ein bißchen hat Opa Hedrich recht.“
„Mittags bin ich so müde, daß ich schlafen muß. Und genau dann machen sie den größten Krach, meistens direkt unter meinem Fenster. – Könnt ihr nicht woanders spielen?“ fragt er Michael und Christof barsch.

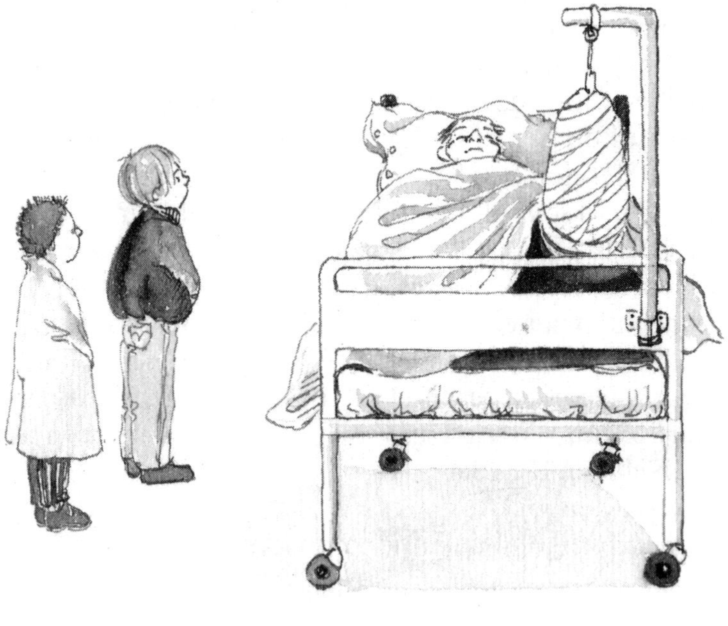

„Nein!“ motzt Christof wütend. „Das sagen immer alle!“
„Da sehen Sie, wie frech die Kinder sind“, dabei schaut Opa Hedrich Frau Wiese an.
„Herr Hedrich, wir sind gekommen, um mit Ihnen Frieden zu schließen. Hören Sie bitte einmal zu, was die Kinder Ihnen sagen wollen.“
Durch Frau Wiese ermutigt, erklärt Christof: „Nur auf der kleinen Wiese neben Ihrem Haus können wir Fußball spielen. Wir haben sonst keinen Platz, überall sind doch Häuser gebaut worden.“
„Und unsere Bälle fallen aus Versehen in Ihren Garten“, fährt Michael dazwischen.
„Nur mit den Dosen und dem Papier, das stimmt. Das machen wir extra“, etwas leiser fügt Christof dann hinzu, „weil Sie uns die Bälle nicht wiedergeben.“
Opa Hedrich hört zu und verzieht das Gesicht.
„Tut Ihr Bein weh?“ fragt Michael.
„Es geht, der Gips ist unbequem. Aber mein Rücken tut weh.“
„Sollen wir Ihnen im Garten etwas helfen?“ fragt Christof.
„Wir sind stark!“ sagt Michael.
Opa Hedrich schaut die beiden nachdenklich an.
„Und mittags, können Sie doch ein Schild ins Fenster hängen, dann denken wir dran, daß Sie schlafen wollen. Wir vergessen das nämlich immer, weil wir mittags nicht müde sind“, erklärt Christof.
„Oder wir basteln Ihnen eine Schlafmütze als Geheimzeichen, dann müssen Sie nicht mehr meckern“, schlägt Michael vor.
„Das werde ich mir alles einmal überlegen“, verspricht Opa Hedrich, als sich Frau Wiese und die beiden Jungen verabschieden wollen.
„Wie heißt ihr eigentlich?“ fragt er noch.
„Ich Christof.“
„Und ich bin der Michael.“
„Sagt mal, könnt ihr mir vielleicht etwas auf meinen Gips malen?“

„Na klar!“ Christof ist begeistert. Bei der Stationsschwester holen sie schnell Buntstifte, und dann malen sie, so schön sie können.
Mit der Sonne von Christof und dem Baum von Michael auf seinem Gips fängt Opa Hedrich an, ein Kindergartenopa zu werden.

Als Michael und Christof in der Kindergruppe von Opa Hedrich erzählen, wollen ihn alle im Krankenhaus besuchen. Sie wechseln sich ab, und für alle Kinder steht fest, daß Opa Hedrich nicht mehr geärgert wird.
So bekommt Opa Hedrich jeden Tag ein paar Bilder mehr auf seinen Gips. Nach einigen Wochen wird er aus dem Krankenhaus entlassen, und schon am nächsten Tag humpelt er in den Kindergarten.
Bälle bringt er mit - Gummibälle, Lederbälle, große, kleine. Und die Schlafmütze, die ihm Michael versprochen hat, die will er abholen.

Er ist doch noch so klein

Ein Freund für den kleinen Bruder

Jeden Tag, wenn Sabrina aus dem Kindergarten kommt, steht Kai schon am Gartentor und wartet auf sie. Und jeden Tag fragt er: „Spielst du mit mir?"
Jeden Tag.
Meistens sagt Sabrina: „Ja."
Aber manchmal auch: „Nein, ich bin müde."
Dann schreit Kai los wie eine Feuerwehrsirene: „Mama! Die Sabrina spielt nicht mit mir!"
Und Mama sagt dann jedes Mal: „Aber Sabrina, Kai hat den ganzen Morgen auf dich gewartet."
Sabrina ist wütend. Sie will ja mit ihm spielen, aber nicht immer, und nicht mittags, wenn sie aus dem Kindergarten kommt. Dann will sie mit Mama reden oder einfach in ihr Zimmer gehen. Aber Kai kapiert das nicht.
„Laß mich in Ruhe, wir können nachher zusammen spielen", schimpft Sabrina dann und schubst Kai zur Seite.
Kai heult fürchterlich, und Mama ruft aus der Küche:
„Sabrina, er ist doch noch so klein!"
„Das ist mir egal, ob er groß oder klein ist. Ich will jetzt nicht!"
Doch Kai jammert so erbarmungsvoll vor sich hin, streicht sich selbst über die Wange und sagt:
„Armer Ich, keiner spielt mit mir."
Da tut er Sabrina leid, und sie sagt: „Na gut, aber nur ein kleines Stündchen."
Für den Nachmittag hat sich Sabrina mit ihren Kindergartenfreundinnen verabredet, mit Pauline und Dorothee.

„Aber ohne Kai“, hat Pauline gesagt. „Du weißt doch, wie er ist. Wenn wir am schönsten spielen, will er nach Hause, oder er quengelt und hat Durst, oder er muß mal. Komm bloß ohne ihn!“
Als Sabrina gehen will, sagt Mama: „Nimm ihn mit, er ist immer so alleine.“
„Heute nicht, heute gehe ich ohne ihn“, beschließt Sabrina.
Als Mama gerade telefoniert, schleicht sie sich durch den Garten davon. Kai spielt in der Sandkiste und bemerkt sie nicht.
Für Sabrina wird es ein schöner Nachmittag. Zunächst arbeiten die drei Mädchen in Paulines Gartenbeet, dann bauen sie sich im Gestrüpp eine Bude und schmücken sie mit Löwenzahn. Sie sieht wie ein Märchenschloß aus.

Pauline holt Plätzchen und Saft, und die drei Freundinnen schmausen, kichern und tuscheln, bis Paulines Mutter ruft: „Dorothee, du sollst nach Hause kommen, dein Vater hat angerufen."
„Dann gehe ich jetzt auch", sagt Sabrina.
Schon von weitem ruft ihr die Mutter entgegen: „Wo ist Kai?"
Sabrina erschrickt: „Ist er mir etwa nachgelaufen?"
„Mama, ich habe ihn gar nicht mitgenommen. Wir wollten doch einmal alleine spielen."
„Was? Du hast ihn nicht mitgenommen? Wo ist er jetzt?"
Und verzweifelt ruft sie: „Kai! Ka-hai!"
Sabrina hat große Angst: „Hoffentlich ist ihm nichts passiert!"
Mama ist außer sich vor Sorge um Kai und auf Sabrina schrecklich böse.
„Du hättest mir sagen müssen, daß du alleine gehst", schimpft sie.
„Kai hätte doch so lange gequengelt, bis ich ihn mitgenommen hätte", denkt Sabrina. Aber ihr schlechtes Gewissen wächst.
„Vielleicht hätten uns Pauline und Dorothee doch mitspielen lassen ..."
Mama fragt alle Nachbarn, doch niemand hat Kai gesehen. Besorgt schaut sie zur Hauptstraße, wo unaufhörlich Autos vorbeibrausen: „Hoffentlich ist er nicht über die Straße gelaufen!"
Vom nächsten Telefonhäuschen ruft sie schließlich Papa an.
Bis Papa kommt, stehen Mama und Sabrina vor dem Haus.
Mama schaut immer wieder die Straße hinunter, und Sabrina betet leise: „Lieber Gott, bitte, bitte paß heute ganz besonders auf Kai auf."
Papa kommt angerast: „Ich habe unterwegs schon überall nachgeschaut. Aber nichts! – Wie lange ist er schon weg?" fragt er atemlos.
„Ich weiß nicht genau, er hat in der Sandkiste gespielt, und dann war er plötzlich weg."
Sabrina ist froh, daß Mama nicht mehr erzählt.

„Wir müssen die Polizei anrufen“, beschließt Papa.
„Wenn sie ihn finden, dann darf er bestimmt mit dem Polizeiauto fahren. Das wollte er schon immer gerne einmal“, schießt es Sabrina durch den Kopf.
Papa erklärt dem Polizisten am Telefon, was passiert ist und wie Kai aussieht.
„Sie wollen ihn suchen. Und wenn er bis zum Abend noch nicht da ist, dann nehmen sie zusätzlich den Hubschrauber“, erzählt er dann.
Sabrina bekommt eine Gänsehaut. Sie hört schon, wie die Polizisten aus dem Hubschrauber rufen:
„Achtung, Achtung, hier spricht die Polizei. Wir suchen Kai, drei Jahre alt. Seine Schwester hat nicht auf ihn aufgepaßt.“
Während Mama, Papa und Sabrina noch überlegen, was sie jetzt tun können, passiert etwas, womit niemand gerechnet hat. Auf leisen Sohlen, wie ein Geist, kommt plötzlich Kai ins Wohnzimmer und schaut sich verwundert um.
Mama schreit auf, als käme ein feuerspuckender Drache zur Tür herein.
„Wo kommst du denn her?“ ruft Papa, schnappt Kai und wirbelt ihn vor Freude durch die Luft.
Kai reibt sich die Augen: „Ich habe mir unter Sabrinas Bett eine Bude gebaut, und dann bin ich eingeschlafen.“
Kai gähnt.
„Mein kleiner Schatz, wir haben dich überall gesucht!“ sagt Mama glücklich.
Kai kann die ganze Aufregung nicht verstehen und fragt: „Warum denn?“
Da lachen Sabrina, Mama und Papa erleichtert. Und Papa ruft zum zweiten Mal an diesem Tag die Polizei an.

Später am Abend, als Kai schon längst wieder schläft, geht Sabrina zu Mama und Papa ins Wohnzimmer. Mama nimmt Sabrina in den Arm: „Schau nicht so unglücklich drein! Den größten Fehler habe ich gemacht. Du kannst Kai ja wirklich nicht immer mitnehmen. Er muß auch lernen, mal

alleine zu spielen. Du hättest mir allerdings Bescheid sagen müssen."
Sabrina ist ein bißchen erleichtert, sie nickt.
„Kai muß eigene Freunde finden. Wir müssen überlegen, wie wir ihm dabei helfen können", meint Papa.
Da holt Sabrina ihre Stifte und ihr schönstes Papier. Sie malt ihren kleinen Bruder, so schön sie kann, mit einem Clown-T-Shirt, der blauen Hose und den roten Sandalen. KAI schreibt sie in großen Druckbuchstaben auf das Blatt, das kann sie schon.
„Das Bild können wir im Kindergarten aufhängen, vielleicht kommen Kinder zu Besuch, die so alt wie Kai sind und auch keine Freunde haben", sagt Sabrina.
Mama ist stolz auf ihre große Tochter, weil sie so eine gute Idee hat.
Schon am nächsten Tag hängt Frau Wiese Sabrinas Kai-Bild an das schwarze Brett im Kindergarten.

Ihr seid geschieden – nicht Opa und ich!

Oliver darf seinen Opa nicht sehen

„Opa!" schreit Oliver und klettert, so schnell er kann, über den Gartenzaun des Kindergartens. Er rennt in die weit ausgebreiteten Arme seines Opas.
„Opa", stammelt er und klammert sich an Opas Hals.
Die Kindergartenkinder schauen von Frau Wiese zu Oliver und von Oliver zu Frau Wiese. Alle wissen, daß sie nicht über den Zaun klettern dürfen.
Frau Wiese sieht ebenfalls zu Oliver hinüber, aber sonst tut sie nichts. Die Kinder wundern sich. Das verstehen sie nicht. Aber dann spielen alle weiter.
„Ich habe dich so lange, so lange nicht gesehen, Opa. Warum hast du mich nicht besucht?"
„Ach Oliver, ich bin sehr traurig darüber. Aber ich darf dich nicht besuchen, deine Mama hat es verboten."
Mit einem Satz springt Oliver von Opas Armen herunter.
„Dann hat Mama gelogen! Sie hat gesagt, daß du mich nicht besuchen willst!"
„Das stimmt nicht, Oliver, ich darf dich nicht besuchen, deine Mama will es nicht", wiederholt Opa.
Opa setzt sich an den Rand der Fußballwiese, und Oliver hockt sich neben ihn.
„Ich will dich aber besuchen, Opa, bitte", bettelt Oliver.
Opa schüttelt traurig den Kopf.
„Es geht nicht, wirklich nicht. Vielleicht überlegt es sich Mama noch einmal. Wir müssen Geduld haben."
„Nimm mich doch einfach mit, Opa! Wenn der Kindergarten zu Ende ist, bringst du mich zurück, das merkt Mama nicht."

Oliver sieht Opa beschwörend an. Opa streicht Oliver liebevoll über den Kopf: „Nein, das machen wir nicht."
„Wie geht es Dusty?" fragt Oliver nach einer Weile.
„Gut, gut", und Opa erzählt, was Dusty, sein kleiner, frecher Mischlingshund, alles angestellt hat.
„Er hat sogar die Brötchentüte bei den Nachbarn geklaut und sie mir gebracht."
Da muß Oliver lachen.
„Komm Oliver, es ist Zeit für das Mittagessen", drängt Frau Wiese. Oliver dreht sich erschrocken um, er hat gar nicht gemerkt, daß Frau Wiese gekommen ist.
Ganz schnell drückt Opa Oliver an sich, und Oliver sieht, daß Opa weint.
Frau Wiese legt ihre Hand auf Olivers Schulter. „Komm", sagt sie.
„Ich werde Mama sagen, daß ich zu Opa will!" erklärt Oliver.
„Mach das! Sprich mit ihr darüber."

Beim Mittagessen weint Oliver still vor sich hin.
„Du mußt essen“, tröstet ihn Annika.
„Ich kann nichts essen, ich bin so traurig.“
„Warum denn?“
„Weil ich meinen Opa nicht sehen darf.“
„Was? Warum denn nicht?“
„Weil wir alle geschieden sind. Mein Papa, meine Mama, mein Opa und ich.“
Nachdenklich erzählt Annika: „Ich hatte auch einmal einen Opa. Aber er ist gestorben. Da war ich auch so traurig. Manchmal spreche ich leise mit ihm und tue so, als wäre er bei mir.“
Nach einer Weile fragt Annika: „Kann ich deinen Pudding haben?“
„Mm“, macht Oliver.
„Oli, geht's dir besser?“ fragt Annika, während sie den Pudding löffelt.
Aber Oliver schüttelt den Kopf: „Wenn ich seine Telefonnummer hätte, dann könnte ich ihn wenigstens anrufen.“
Wütend und zornig empfängt Oliver seine Mutter, als sie ihn abholen will.
Er weigert sich, mit nach Hause zu gehen.
„Du hast mich angelogen“, heult er, „Opa war da!“
Das macht Mama so wütend, daß sie Oliver eine Ohrfeige verpaßt und Frau Wiese anfährt: „Wenn der Opa noch einmal in den Kindergarten kommt, dann melde ich Oliver ab!“
„Dann habe ich auch meine Freunde nicht mehr“, denkt Oliver entsetzt, steht schnell auf und geht hinter seiner Mutter her.
„Wenn ich größer bin, dann fahre ich mit dem Rad zu Opa. Und wenn ich in der Schule bin und schreiben kann, dann schicke ich Opa einen Geheimbrief“, beschließt er.

Am nächsten Tag bringt Annika einen Zettel mit in den Kindergarten. Opas Telefonnummer steht darauf. Ungläubig nimmt Oliver den Zettel in die Hand.

„Es ist die Nummer von deinem Opa! Ich habe sie getestet. Meine Mama kennt die Nachbarn von deinem Opa, und die haben ihr die Nummer gegeben. Ich habe sie alleine aufgeschrieben, Mama hat nur dabei zugeguckt!“

Oliver steckt den Zettel in die Hosentasche, aber immer wieder holt er ihn heraus und schaut darauf.

Abends, als Mama wie immer zu ihrer Arbeit geht, will Oliver Opa anrufen. Aber wo ist die Hose?

Oliver schaut im Bad nach, in der Küche. Und da sieht er, daß die Waschmaschine läuft. Er hockt sich davor, und tatsächlich, da dreht sich die Hose in dickem Seifenschaum mit Opas Telefonnummer.

„Ich brauche doch die Nummer“, heult Oliver und boxt gegen die Scheibe der Waschmaschine.

„Vielleicht kann ich sie auswendig“, denkt er, macht die Augen zu und überlegt. Dann wählt er.
„Jetzt klingelt es bestimmt bei Opa“, hofft er.
„Bitte Opa, beeil dich doch.“ Da endlich wird der Hörer abgenommen und eine fremde Frauenstimme sagt:
„Hallo? Hier ist Zimmermann. – Hallo?“
Oliver läßt den Hörer auf die Gabel fallen, traurig und wütend zugleich.
Es war nicht Opa.
„Die blöde Nummer, ich hab sie vergessen“, weint er und haut mit den Fäusten auf den Boden.
Er hat nicht gemerkt, daß seine Mama zurückgekommen ist. Sie nimmt Oliver auf den Schoß, und dann weint er seinen ganzen Kummer in Mamas Arme.
„Oliver“, tröstet Mama, „bitte sei nicht mehr traurig. Wir hatten alle so viel Streit, der Papa, der Opa und ich. Ich wollte endlich meine Ruhe haben. Aber ich sehe ein, daß du deinen Opa behalten mußt.“
Mama holt einen Zettel und schreibt Opas Telefonnummer darauf.
„Den Zettel hängen wir übers Telefon“, sagt sie.
Diesmal wählt Oliver die richtige Nummer.
Als am anderen Ende jemand den Hörer abnimmt, sagt Oliver: „Hallo Opa, hier spricht Oliver!“

Mama traut sich nicht

Nina wächst ein Stück

„Ich möchte wieder arbeiten“, sagt Mama. „Mein ehemaliger Chef hat angerufen und gefragt, ob ich wieder in die Firma kommen will. Eine Kollegin bekommt ein Baby und kann nicht mehr arbeiten.“
Nina schaut ihre Mama an und fragt: „Kannst du so etwas denn?“ Sie kann sich nämlich nicht vorstellen, daß ihre Mama etwas anderes ist als ihre Mama.
„Na klar kann ich das!“ Mama lacht. „Als du noch nicht auf der Welt warst, habe ich ja auch in meinem Beruf gearbeitet.“
„In welchem Beruf?“
„Ich bin Ingenieurin.“
„Was mußtest du machen?“
Mama erklärt es Nina.
„Dann mach es doch wieder, Mama“, meint Nina.
„Das heißt aber, daß du vielleicht auch einmal alleine bleiben mußt.“
„Kannst du heute schon arbeiten?“ fragt Nina.
„Nein, nein, so schnell geht es nicht.“
Nina wünscht sich schon lange, einmal ganz alleine in der Wohnung bleiben zu dürfen. Aber Mama traut sich einfach nicht, was Nina ärgert.
„Ich weiß doch, was ich alles nicht machen darf“, denkt sie. „Vielleicht merkt Mama jetzt, daß ich schon viel mehr kann, als sie immer meint.“
„Wir können es so machen, daß ich in die Firma gehe, wenn du im Kindergarten bist. Nur donnerstags, da klappt das

nicht. Da müßte ich länger arbeiten und bin mittags nicht zu Hause, wenn der Kindergarten aus ist."

„Dann kann ich doch alleine bleiben", schlägt Nina vor.

„Nein, das möchte ich nicht. Vielleicht finden wir noch eine andere Lösung."

„Mama, dann bleibe auch ich länger im Kindergarten. Dann bin ich donnerstags ein Tageskind, wie die anderen, die den ganzen Tag im Kindergarten bleiben. Ich frage Frau Wiese, ob das geht."

Frau Wiese hat nichts dagegen, und Nina findet es prima, einmal in der Woche im Kindergarten zu essen.

Mama gefällt die Arbeit in der Firma. Manchmal kommt sie zwar müde nach Hause, aber fast immer fröhlich.

Seit Mama arbeitet, dürfen Papa und Nina viel mehr in der Küche helfen. Papa findet das nicht so gut, aber Nina freut sich darüber. Sie hat dabei gemerkt, daß Papa manches gar nicht kann. Zum Beispiel Kuchenbacken.

„Dann mußt du es üben", meint Nina, denn das sagt Papa zu ihr auch immer.

„Na gut", knurrt Papa, „dann üben wir beide zusammen."

Er schickt Mama aus der Küche und holt das Kochbuch. Nina wünscht sich eine Riesentorte mit vielen Schichten und Schokoladencreme dazwischen, doch Papa will unbedingt einen Marmorkuchen backen, obwohl er nie Marmorkuchen ißt. Schließlich gibt Nina nach. Papa liest das Rezept vor, und Nina holt alle Zutaten. Daß dabei ein Ei auf den Boden fällt, verraten sie Mama nicht.

Der Kuchen gelingt prächtig, und Nina ist stolz, denn das meiste hat sie gemacht. Früher durfte Nina immer nur zugucken beim Kuchenbacken und die Schüssel auslecken.

Den Sonntag haben Nina und ihre Eltern nun auch verändert. Manchmal ist „Ninatag", manchmal „Mamatag" oder „Papatag". Die Ninatage findet Nina natürlich am besten, denn dann darf sie sich alles wünschen: ihr Lieblingsessen, Spiele, und was ihr so einfällt.

Als Mama einmal donnerstags und freitags länger arbeiten muß, kann Nina endlich alleine in der Wohnung bleiben.
„Ich bin ein Stück gewachsen“, denkt sie, als sie mittags in den Spiegel schaut.
Nach selbstgemachtem Müsli, das sie mit großem Appetit aufißt, baut sie mit Legos. Den Fernseher schaltet sie nicht ein, auch nicht mal kurz, weil sie es Mama versprochen hat.
„Heute ist es so still in der Wohnung“, findet Nina. „Die Küchenuhr tickt so laut.“
Komisch, das Ticken hat sie noch nie gehört.
Es klingelt an der Haustür, und Nina erschrickt. Sie darf die Tür nicht aufmachen, so ist es mit den Eltern abgesprochen. Es klingelt schon wieder, und Nina bekommt Herzklopfen. Sie öffnet aber nicht. Endlich hört es auf zu klingeln. Nina legt sich auf den Teppich und überlegt, was sie machen kann.

Jetzt merkt sie, daß sie Bauchweh hat, ziemlich schlimmes sogar. „Wenn ich jetzt brechen muß? Und Mama ist nicht da? Was mache ich dann? Mama hält doch immer meinen Kopf fest."
Die Bauchschmerzen werden schlimmer, und Nina beschließt, Mama in der Firma anzurufen. Sie wählt Mamas Büronummer, aber Mamas Chef ist am Apparat und sagt, daß Nina Mama nicht stören kann.
„Ich muß mit Mama reden! Mir ist so schlecht", denkt Nina.
Sie wählt noch einmal, und weil Mamas Chef wieder am Telefon ist, meldet sie sich mit verstellter Stimme:
„Hallo, hier spricht Frau Herrmanns (so heißen die Nachbarn). Kann ich bitte Frau Kreuzer sprechen (so heißt Ninas Mama)?"
„Moment bitte, ich verbinde", sagt Mamas Chef.
Genau in dem Moment, als Nina Mamas Stimme hört, sind die Bauchschmerzen wie weggeblasen.
„Hallo Mama, ich bin's, Nina", flüstert sie, „nicht Frau Herrmanns. Ich wollte nur wissen, wann du kommst."
„In einer halben Stunde, Frau Herrmanns", antwortet Mama.
„Zum Glück hat sie mich nicht verraten", denkt Nina, „und eine halbe Stunde, die vergeht blitzschnell."
Als Mama nach Hause kommt, verspricht sie Nina, daß sie einmal mit in die Firma gehen darf.
„Dann kannst du dir alles anschauen, und außerdem will dich mein Chef kennenlernen."
„Und ich ihn", denkt Nina und grinst.

Von Kinderquälern und Liebesbriefen

Der letzte Tag im Kindergarten

Im Gruppenraum ist der Tisch zum Kaffeetrinken festlich geschmückt.
Die Vorschulkinder haben ihren letzten Kindergartentag und feiern mit ihren Eltern Abschied.
Sie durften sich alle noch einmal Spiele wünschen, aber so lustig wie sonst ist es nicht. Die Eltern sehen traurig aus, findet Jonas.
„Wir können doch Frau Wiese immer wieder besuchen", denkt er.
Froh ist er, als die Kinder endlich in den Garten dürfen. Abschied – das Wort kann er nicht mehr hören.
„Nun ist die schöne Zeit vorbei", seufzt Philipps Mutter.
„Und die Schule? Ist die etwa nicht schön?" denkt Jonas.
Wo er sich so sehr darauf freut. Allen hat er es erzählt: dem Briefträger, der Frau an der Fleischtheke im Supermarkt, den Nachbarn und natürlich Oma und Opa. Sein Tornister steht fix und fertig gepackt neben seinem Bett. Die Schultüte allerdings, die hat er noch nicht gesehen. Mama hat sie versteckt. Sie ist auch nicht in Mamas Kleiderschrank, ganz hinten, wo er schon mal interessante Sachen gefunden hat. Schade, Jonas hätte so gerne einmal in seine Schultüte gelinst.
„Sollen wir wippen?" fragt er Philipp.
„Ja", antwortet Philipp, und beide rennen los, springen auf die Wippe und stoßen sich fest mit den Füßen ab.
„Ich will nicht in die Schule gehen", sagt Philipp.
„Jetzt fang nicht auch noch an, mit Abschied und so", stöhnt Jonas.

„Nein, das meine ich nicht. Ich hab Angst. Meine Brüder haben mir so einiges erzählt. Die Lehrerinnen sind nämlich Kinderquälerinnen. Du darfst nicht mit dem Stuhl wackeln und schon gar nicht im Klassenraum rumlaufen. Das schaffe ich nie! Und auf dem Schulhof, die Großen, die prügeln ganz schön. Wenn ich wenigstens Judo könnte!"
„Mensch, du brauchst doch keine Angst zu haben! Wir haben uns doch die Schule angeguckt. Mir hat es dort gefallen."
„Aber manche Kinder müssen Strafarbeiten schreiben", meint Philipp.
„Das kann uns doch gar nicht passieren, wir können doch noch nicht schreiben", lacht Jonas.
„Ja, aber die vielen Hausaufgaben! Bei uns gibt es jeden Tag Ärger, weil meine Brüder Hausaufgaben doof finden."
„Vielleicht findest du sie nicht doof! Ich jedenfalls freue mich, daß ich lesen lernen kann. Rechnen kann ich ja schon. Dann kann ich alles alleine lesen und muß nicht immer warten, bis Mama oder Papa mal Zeit haben, um mir etwas vorzulesen. Und dann lese ich das Lexikon, da steht alles drin, was ich wissen will – alles!"

Sie wippen weiter und nach einer Weile sagt Philipp: „Wenn ich schreiben kann, dann schreibe ich der Laura einen Brief."
„Das mußt du auch machen. Du hast es ihr versprochen."
Seit Laura weggezogen ist, haben sie nichts mehr von ihr gehört, dabei war sie Philipps Freundin.
„Vielleicht schreibt sie mir zurück ..."
„Und weil du dann lesen kannst, verstehst du den Brief auch", erklärt Jonas.
Sie springen von der Wippe und laufen hinter den anderen Kindern her. Im Gruppenraum soll ein Abschiedslied gesungen werden, und sie wollen mitsingen. Dabei nimmt Jonas mit den Augen Abschied von seinem Gruppenraum, den Spielen, den Puzzlen, den Bilderbüchern, und als Frau Wiese ihn anschaut - auch von ihr.
„Sie weint ja fast", stellt Jonas fest, und da muß auch er schlucken.
„Ich schreibe ihr einen Liebesbrief, in Schönschrift", nimmt er sich vor.

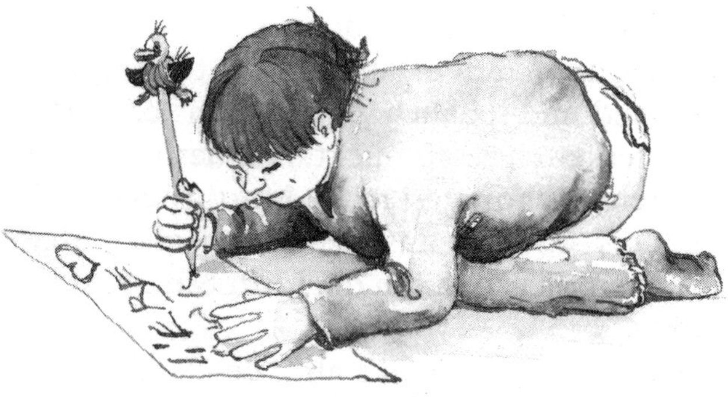

Martinssingen und ein trauriges Lied

Vom Miteinanderteilen

Simon geht mit Anja und Maren, seinen großen Schwestern, im Martinszug. Seine erste selbstgebastelte Laterne hält er stolz in der Hand. Anja hat ihm ein Teelicht hineingeklebt. Das gefällt Simon besser als ein Batterielicht. Es ist schon ziemlich dunkel, und Simon paßt gut auf, daß er seine Schwestern nicht verliert. Es ist ein großes Gedränge, und von hinten schubsen einige Kinder.

Eine Kapelle spielt, und Simon singt laut mit. Er kennt viele Martinslieder, und besonders gut kann er das Lied, das die Martinsgeschichte erzählt. Er findet es nämlich toll, daß Sankt Martin seinen Mantel geteilt hat, damit der Bettler nicht frieren muß.

„Ich würde das auch machen“, denkt Simon. „Aber von meinem Anorak einen Ärmel rausreißen? Dann wäre Mama bestimmt sauer. Aber ich habe zwei Anoraks, da könnte ich einen abgeben.“

Als Sankt Martin auf seinem Schimmel an Simon vorbeireitet, zittert Simon ein wenig. Der rote Mantel und die Bischofsmütze erinnern ihn an den Nikolaus.

Der Martinszug zieht durch die Siedlung. Überall stehen Leute am Straßenrand und schauen zu. Die Fenster einiger Häuser sind mit Lichterketten geschmückt. Auf der Wiese, neben dem Schulhof, brennt schon das große Martinsfeuer. Ein starker Wind weht, als wolle er das Feuer und alle Laternen auslöschen. Funken fliegen durch die Luft. Simon ist es unheimlich zumute.

„Hoffentlich brennt kein Haus ab“, denkt er.

Doch der Wind läßt wieder nach, das Feuer knistert, die Kinder singen, und zum Schluß bekommen alle einen Weckmann.
„Kommt, wir gehen jetzt“, sagt Maren, „sonst sind wir die letzten.“
Sie faßt Simon an der Hand und zieht ihn hinter sich her.
Anja, Maren und Simon gehen von Haus zu Haus und singen.
Simon darf dieses Jahr das erste Mal mitgehen.
Anja klingelt an den Haustüren, und dann stellt sie sich schnell hinter Simon.
„Kleine Kinder bekommen immer die besten Sachen“, meint Maren. Und das stimmt auch.
Ihre Tragetaschen werden immer schwerer. Im Haus an der Ecke bekommen die drei besonders viel. Jeder ein Überraschungsei und Kaugummi und Schokolade.
„Danke!“ sagen sie und freuen sich.

„Ich habe tolle Sachen“, jubelt Simon.
„Ich auch“, sagt Anja, als sie weitergehen, doch dann drehen sich alle drei erschrocken um, weil plötzlich eine Frau laut schreit.
„Was wollt ihr denn hier? Haut ab! Habt nicht mal eine Laterne, und singen könnt ihr bestimmt auch nicht!“
Die schrille Stimme macht Simon Angst. Schnell faßt er Anjas Hand.
„Das darf ja wohl nicht wahr sein!“ Maren rennt zu dem Haus zurück, wo sie gerade gesungen haben.
„Geht dahin, wo ihr hergekommen seid!“ schreit die Frau weiter und macht eine Handbewegung, als würde sie ein Tier verscheuchen wollen. „Geht! Ihr habt hier nichts zu suchen!“
Anja und Simon sind hinter Maren hergelaufen, und jetzt sehen sie, was los ist.
Vor dem Haus an der Ecke stehen zwei kleine Jungen mit einer sehr dunklen Hautfarbe und schwarzen, schmuddeligen Haaren.
Sie stehen da – wie erstarrt.
„Warum werden sie angeschrien und bekommen nichts?“ fragt Simon.
„Pst, ich erkläre dir das später“, sagt Anja.
Maren wühlt hastig in ihrer Tasche herum, findet das Überraschungsei, den Kaugummi, die Schokolade, holt die gleichen Sachen aus Simons und Anjas Tüte heraus und legt sie der Frau vor die Füße.
„Wir wollen ihre Sachen nicht“, sagt Maren bestimmt.
Simon versteht das alles nicht. Das Überraschungsei hätte er so gerne behalten.
„Freche Blagen“, schimpft die Frau, grapscht die Sachen, geht ins Haus und knallt die Tür hinter sich zu.
„Kommt!“ sagt Maren.
Anja, Simon und die beiden kleinen Kinder laufen hinter Maren her.
„Könnt ihr Deutsch verstehen?“ fragt Maren, als sie um die Ecke sind.

Aber die beiden schauen sie verständnislos aus großen Augen an.
„Sie kommen aus einem anderen Land, weit weg von hier", erklärt Maren. „Hier wollen einige Leute nichts mit ihnen zu tun haben, weil sie anders aussehen und anders sind als wir. Sie sind so schmutzig, sagen sie, und vielleicht klauen sie auch."
Eines der beiden Kinder sagt etwas in einer fremden Sprache, etwas, das weder Maren noch Anja noch Simon verstehen können. Es klingt wie ein trauriges Lied, und es mischt sich in die Martinsgesänge der anderen Kinder.
„Wir teilen!" bestimmt Maren. Sie zieht ihre Jacke aus und schüttet den Inhalt ihrer Tüte darauf. Simon und Anja legen ihre Sachen dazu.
Die beiden kleinen Jungen schauen mit leuchtenden Augen auf all die Schätze.
Maren sortiert und teilt alles gerecht auf. Bei einer Lakritzschnecke zögert sie einen Moment. Die mag sie nämlich besonders gern. Aber dann wickelt sie die Schnecke auseinander und reißt für jedes Kind ein Stück ab. Die beiden kleinen Jungen können es kaum glauben, daß sie all die süßen Sachen behalten dürfen.
Einer der beiden stopft sich eine Hand voll Plätzchen in den Mund und rennt los, der andere hinter ihm her. Sie drehen sich nicht einmal mehr um.
Die drei Geschwister machen sich auf den Heimweg. Überall begegnen ihnen Laternenkinder – sie singen.

Ein Ball für Oma

Weihnachten zu Omas Kinderzeiten

Ein paar Tage vor Weihnachten hat Oma schon Urlaub. Tim und Lara besuchen sie.
Während sich die Eltern der beiden noch um die letzten Einkäufe kümmern, helfen Lara und Tim Oma beim Weihnachtsstollenbacken.
„Das ist viel Arbeit“, findet Tim und wischt sich mit den Mehlhänden durch das Gesicht. Wie ein Bäcker sieht er aus.
Lara probiert den Teig, aber Plätzchenteig schmeckt ihr viel besser.
Oma schiebt den Stollen in den Backofen, die Kinder wischen die Arbeitsplatte sauber und räumen alle Sachen weg, die sie gebraucht haben.
Oma kocht Tee, und Tim sagt: „Oma, erzähl doch mal, wie es früher an Weihnachten war.“
Drei Becher mit Tee stellt Oma auf den Tisch, zündet die Honigkerze in dem alten Messingleuchter an und beginnt zu erzählen:
„Als ich ungefähr so alt war wie ihr, wohnten wir in einem kleinen Dorf, weit weg von der nächsten Stadt. Nur wenige Häuser gab es dort und einen kleinen Lebensmittelladen, eine Kirche und eine Schule.“
„Gab es keinen Kindergarten?“ will Lara wissen.
„Nein, in unserem Dorf gab es keinen. Und die Schule hatte nur ein Klassenzimmer für alle Kinder. Vorne saßen die Kinder aus dem ersten Schuljahr, in der zweiten Reihe die aus dem zweiten, in der dritten, die aus dem dritten und so weiter. Manchmal war in einem Schuljahr nur ein Kind.“

„Das finde ich nicht schön“, sagt Tim. „Dann hatte es doch gar keine Freunde.“
„Bei uns im Dorf war es so, daß alle Kinder zusammen spielten. In dem kleinen Laden kauften wir uns manchmal für fünf Pfennig Fruchtbonbons. Die weichten wir dann in einer Tasse mit Wasser auf und machten uns Limonade. Sie schmeckte köstlich. Andere Limo gab es nicht.“
„Schmeckt das wirklich?“ fragt Lara.
„Ja, du kannst es ja mal ausprobieren. – Vor Weihnachten war das ganze Dorf in großer Aufregung. Alle Kinder und einige Erwachsene übten für das Krippenspiel, das am Heiligen Abend in der Kirche aufgeführt werden sollte.“
„Oma, hast du auch mitgespielt?“ will Tim wissen.
„Ja, zuerst sollte ich die Ersatz-Maria sein. Das bedeutete, daß ich nur dann die Maria spielen durfte, wenn die andere Maria krank war. Ich wäre gerne die Maria geworden, weil ich nämlich ein klein wenig in den Josef verliebt war.“
Tim und Lara kichern.

„Hoffentlich wird sie krank, dachte ich und hatte dabei ein furchtbar schlechtes Gewissen. Wie kann man sich nur wünschen, daß die Mutter des Christkindes krank wird? Doch schließlich durfte ich ein Engel sein, und das gefiel mir auch. Meine Mutter, das ist eure Uroma, nähte mir aus einem alten Bettuch ein Engelsgewand, sogar eine goldene Borte hatte sie aufgesteppt. Meine langen Haare wurden naß geflochten und am nächsten Tag aufgemacht. Da hatte ich das schönste Engelshaar."
„Ich bin im Kindergarten bei unserem Spiel ein Hirte", sagt Tim.
„Und ich ein Stern, und ein Gedicht darf ich aufsagen", erzählt Lara.
„Ich freue mich schon, daß ich zuschauen darf", sagt Oma. „Unsere Weihnachtsfeier damals war sehr feierlich. Der Chor, Erwachsene und Kinder, sangen, Maria und Josef spielten so schön, daß die Zuschauer sehr gerührt waren. Zum Schluß läuteten zwei Hirten die Glocken. Sie zogen dabei an einem dicken Strick, denn elektrisch ging es nicht.
Alle Leute standen auf und sangen: O du fröhliche. Und da weinte ein Baby, und wir stellten uns vor, daß es das echte Christkind sei, wie in der Heiligen Nacht vor vielen, vielen Jahren.
Anschließend gingen wir nach Hause, der Schnee glitzerte, und wir Kinder zitterten vor Kälte, vor Aufregung und Erwartung. Zu Hause band Mutter ihre weiße Schürze um und stellte das Festmahl auf den Tisch: Kartoffelsalat, Kürbis und für jeden ein kleines Stück Fleischwurst.
Den Weihnachtsbaum hatten in dem Jahr Vater und ich aus dem Wald geholt. Es lag hoher Schnee, und ich lief hinter Vater her und trat in seine Fußstapfen. Sein Körper schützte mich vor dem eisigen Wind. Ich hatte meine kratzige Mütze aufgezogen, die Mutter mir aus einem alten Pullover gestrickt hatte.
Im Wald war es sehr still. Nur unsere Schritte knirschten im Schnee. Wie sehr wünschte ich mir, Rehe zu sehen, aber

es lief uns kein einziges über den Weg. – Geschmückt war der Baum mit einer Spitze aus Glas, die blau, rot und grün schimmerte, einem Posaunenengel mit einem Loch in der Wange, einem silbernen Glöckchen, einem weißen Holzschaukelpferd und bunten Glaskugeln. Was uns fehlte waren Kerzen. In dem Jahr konnte man sie nirgends kaufen, und elektrische gab es auch nicht. Vater war deshalb extra in die Stadt gefahren.
Ein Weihnachtsbaum ohne Lichter?
Undenkbar!
Mutter ließ sich nicht aus der Ruhe bringen. Sie puhlte die alten Stummel vom Jahr davor aus den Kerzenhaltern und machte das Wachs in einem alten Milchtopf auf der Herdplatte weich. Daraus formte sie neue Kerzen und zog einen Docht ein. Ganz sparsam gingen wir mit diesen Kerzen um: Zwei brannten am Heiligen Abend ab und zwei jeweils an den Weihnachtstagen. Nie wieder haben Kerzen für mich so hell geleuchtet wie damals."
„Hast du auch Geschenke bekommen?" fragt Tim.
„Ja, das war so. Mein sehnlichster Wunsch war ein Ball, möglichst grün sollte er aussehen und so groß sein wie eine Kokosnuß.
‚Das wird wohl nichts', hatte Vater gemeint, denn Bälle gab es nirgends.
Traurig dachte ich immer wieder an meinen Ball, und ich glaubte nicht, daß ich ihn bekommen würde. Als endlich das Weihnachtsglöckchen klingelte, und wir in das Weihnachtszimmer gingen, guckte ich mir die Augen aus, aber von einem Ball war nichts zu sehen. Nur zwei kleine Päckchen lagen unter dem Weihnachtsbaum – eins für meine Schwester, eins für mich.
Vater las aus der Bibel die Weihnachtsgeschichte vor, wir sangen Weihnachtslieder, und dann durften wir endlich unsere Päckchen öffnen.
Es war ein Ball drin, ein grüner!
Meine Schwester hatte einen blauen. – Ich küßte meinen, warf

ihn in die Luft, fing ihn wieder auf und hielt ihn fest. Endlich, endlich konnte ich im Dorf mit den anderen Kindern spielen und mußte nicht mehr warten, bis ein Kind keine Lust mehr hatte und mir seinen Ball auslieh. Ob meine Schwester sich genauso darüber freute, weiß ich nicht mehr.
Ich war glücklich.
Bälle waren das einzige Spielzeug, das wir hatten. Wir erfanden herrliche Spiele damit und spielten stundenlang am Scheunentor vom Bauern Müller.
Lange habe ich auf meinen grünen Ball aufgepaßt. Aber irgendwann war er weg."

Tim und Lara schnuppern, der Weihnachtsstollen ist fertig. Oma holt ihn aus dem Backofen. Es klingelt. Die Eltern wollen Lara und Tim abholen.
„Wenn wir unsere Sparschweine schlachten", flüstert Tim so leise, daß es die Erwachsenen nicht hören, „dann können wir Oma einen grünen Ball kaufen."
„Auja, das machen wir", flüstert Lara.

Renate Hanewald
... na und, wir wachsen noch!
Geschichten aus dem Kindergarten
Mit zahlreichen schwarzweißen
Illustrationen von Barbara Stachuletz
112 Seiten, gebunden,
19,80 DM
ISBN 3-491-38026-X

18 abgeschlossene Geschichten erzählen interessante Begebenheiten aus dem Kindergartenalltag: Geschichten vom ersten Tag im Kindergarten bis zum Abschiedsfest, Geschichten von der Angst und vom Auslachen und sonstigen Schwierigkeiten in der Gemeinschaft, Geschichten über kranke Kinder, über Feste, Feiern, Basteln, von Erfolg und Mißerfolg, von Sehnsucht und Übermut – kurz, von allen wichtigen Kindererlebnissen.
Zu einigen Erzählungen gibt es Lieder, die das Thema noch einmal erklingen lassen – und auch unabhängig von der Geschichte gesungen werden können.
Mit großem Einfühlungsvermögen werden hier die Sorgen und Probleme der Kinder behandelt und einer Lösung zugeführt, die gut verständlich die kindlichen Fragen beantwortet.

Sach-Bilderbücher

Großformatige Bilder mit erzählenden Texten, die spielend Wissen vermitteln

Ein Buch über die vier Jahreszeiten, das durch herrliche Illustrationen und humorvoll erzählte Sachinformationen besticht. Kleine Leute, die mehr wissen wollen über den Jahresverlauf, werden nicht so schnell genug von ihm haben.

Ina & Walter Etschmann
Erst taut der Schnee,
dann wächst der Klee . . .
Frühling, Sommer, Herbst und Winter
40 Seiten, durchgehend vierfarbig illustriert, Format 21 × 27 cm,
24,80 DM
ISBN 3-491-37191-0

Kinder erzählen über die Arbeit ihres Vaters: zuerst allgemein, dann schildern sie spezielle Situationen, in denen er als Polizist, Feuerwehrmann, Müllwerker oder Postbote zum Einsatz kommt.

Sabine Damke
Wir sind bekannt
im ganzen Land
Feuerwehr und Müllabfuhr,
Post und Polizei
40 Seiten, durchgehend vierfarbig illustriert, Format 21 × 27 cm
24,80 DM
ISBN 3-491-37221-6